Así nació el diablo

Así nació el diablo

Evolución criminal
de un pistolero chilango

EMMANUEL GALLARDO

Grijalbo

Así nació el diablo
Evolución criminal de un pistolero chilango

Primera edición: julio, 2022

D. R. © Emmanuel Gallardo, 2022

D. R. © 2022, derechos de edición mundiales en lengua castellana:
Penguin Random House Grupo Editorial, S. A. de C. V.
Blvd. Miguel de Cervantes Saavedra núm. 301, 1er piso,
colonia Granada, alcaldía Miguel Hidalgo, C. P. 11520,
Ciudad de México

penguinlibros.com

ISBN: 978-607-381-188-0

Impreso en México – *Printed in Mexico*

El contar cómo son las otras personas
es fundamental para que nos podamos
entender.

RAMÓN LOBO, periodista español

Para el maestro Armando José de Emparan (†),
por su paso fundamental en mi vida.

Dedicado especialmente a las y los desaparecidos
en México y a sus familias.

Dedicado también a los hijos de la violencia,
a toda esa generación de muchachos nacidos en medio
· de la pólvora y los fusiles, y que no tuvieron más
opción que agarrar un rifle.

Índice

Introducción

El miércoles 24 de julio de 2019 era un día crucial para Mauricio Hiram. Estaba a punto de emprender una operación que, de ser exitosa, le garantizaba una promoción en su trabajo. Hacía 10 meses que el joven de 22 años había dejado a su familia en la Ciudad de México para unirse a las filas del Cártel Jalisco Nueva Generación (CJNG) en Puerto Vallarta. Ahí, en un rancho propiedad de la organización criminal, Mauricio fue entrenado bajo una estructura paramilitar por hombres colombianos y mexicanos en tácticas de guerra de guerrillas, tortura, descuartizamientos, manejo de armas y operaciones del tipo "morder y retirarse", como en la que participó en aquella fecha dentro del restaurante Hunan, en el centro comercial Artz Pedregal, al sur de la Ciudad de México. Esa tarde, Mauricio Hiram Suárez Álvarez, el Mawicho, y Esperanza Gutiérrez Rojano asesinaron a balazos a los mafiosos israelíes Alon Azulay y Benjamin Yeshurun Sutchi, Ben Sutchi, como se conocía al pistolero y narcotraficante judío forjado en los intestinos de las principales mafias israelíes de los años noventa y socio en México de un grupo afín al Cártel de Sinaloa.

Tras el asesinato de los israelíes, Esperanza Gutiérrez Rojano fue detenida a los pocos minutos. El Mawicho logró escapar a la ciudad de Zapopan, en el estado de Jalisco, donde meses después se supo que fue ascendido a jefe de pistoleros.

* * *

En mayo de 2017 llegué a la redacción de la revista digital *Yaconic* para ofrecerle a su director, Daniel Geyne, dos reportajes sobre crimen y violencia en la zona metropolitana de la Ciudad de México. La primera historia era sobre una joven mujer que sobrevivió al ataque de su pareja, un empleado de un *call center* bilingüe en el Estado de México, quien en un arranque de celos la roció con gasolina para después aventarle un cerillo. Yo estaba en espera de que ella y su familia consideraran pertinente poder entrevistarlos. El otro reportaje se centraba en distintos ladrones a mano armada que operaban en la Ciudad de México.

Dos ladrones de comercios, automovilistas y transeúntes, así como un ladrón de coches por encargo, habían accedido a platicar conmigo gracias al Gato, un comerciante de Tlalnepantla al que conozco hace años y quien practicaba calistenia todas las mañanas en un gimnasio al aire libre en la alcaldía Gustavo A. Madero, a donde también acudían a ejercitarse varios jóvenes, la mayoría narcomenudistas y ladrones de todo tipo. El Gato, además de tatuador, taquero y vendedor de jugos, es un deportista activo y disciplinado que en aquel momento ya contaba con tres maratones de la Ciudad de México completados y quien despertaba admiración entre los jóvenes delincuentes de aquellas barras, no sólo por su físico, sino por la sencillez con la que accedía a ponerles intensas rutinas de ejercicio que podían durar hasta dos horas. Después del entrenamiento se sentaban en una banca de cemento, a un costado de la barra *chimuela*, para *poncharse un toque* y jugar por horas a la poliana, el juego de mesa creado en las entrañas de la cárcel de Lecumberri y el penal de Santa Martha Acatitla.

La familiaridad cultivada cada mañana entre los jóvenes delincuentes con los que el Gato hacía ejercicio pronto lo llevó a compartir las caguamas y las historias más duras y terrenales sobre sus seis años preso en una cárcel federal de Estados Unidos por tráfico de cocaína y de cómo después de cumplida su sentencia y de haber sido deportado a México no había vuelto a escuchar la voz de ninguno de sus tres hijos nacidos en la ciudad de Las Vegas, Nevada. En ese intercambio de experiencias personales y delictivas, de porros gordos y tragos de cerveza, los ladrones fueron abriéndose cada vez más con aquel duro y disciplinado extraficante de brazos tatuados, que a pesar de doblarle la edad a la mayoría se hizo parte de aquella comunidad de jóvenes delincuentes que cada mañana se reunían para hacer ejercicio.

"Creo que ahí podrías encontrar chingo de historias. Dame chance unos días y te consigo que hables con alguno de estos chavos", me prometió el Gato mientras platicábamos en el patio de su casa donde cada noche montaba mesas, sillas y un enorme asador color naranja para la venta de tacos de carne asada. Así que me fui a entrenar con él por varios días. Lo veía a las seis de la mañana en la estación del metrobús Tenayuca y de ahí corríamos un trayecto de poco más de cinco kilómetros hasta llegar a las barras, donde varios cuerpos tatuados, magros y desnudos del torso ya comenzaban el calentamiento para evitar lesionarse. Siempre, como si fuera un ritual, después del calentamiento y antes de comenzar la rutina, alguien forjaba un porro gordo, sellado con saliva, que después se rolaba entre todos los que estábamos a punto de colgarnos de los tubos o de tumbarnos en el suelo para hacer lagartijas de formas variadas, mientras que la gente que pasaba por ahí miraba las densas y aromáticas bocanadas de humo con recelo y desconfianza.

En uno de esos días después de *hacer rutina*, pude meterme a una sesión de tatuaje en la casa del Kodak,[1] un ladrón correoso de 19 años a quien el Gato le tatuaría una Santa Muerte en el pecho. El Kodak yacía tumbado en una silla ergonómica, aguantando las agujas que el Gato le enterraba en la carne con nula sutileza para sombrear la figura de una muerte encapuchada. "Se la debo", decía el Kodak aguantando el dolor. Entre tragos de cerveza y fumadas a una pipa de madera, aquel joven me contó que llevaba poco más de 30 robos y cómo había empezado a delinquir desde los 15 años haciendo *arrebatones* de bolsas a transeúntes, en su mayoría mujeres. Me habló de cómo su hermano mayor fue su única imagen paterna por varios años y de cómo éste, aprovechando su buena facha, estudió por varios días los movimientos de un restaurante dentro una plaza comercial que días después el Kodak robó junto con sus primos, una banda de ladrones armados que operan en la colonia Doctores y en las inmediaciones de la plaza Parque Delta, de la Ciudad de México.

En los días de quincena y una vez caída la tarde, el Kodak y sus primos se abalanzaban pistola en mano sobre los automovilistas atascados en el embotellamiento del Viaducto Miguel Alemán para arrancarles el reloj, el celular y a veces hasta la quincena completa. Después salían como rayo rumbo al Panteón Francés, brincaban una de sus bardas y se perdían entre las tumbas hasta llegar a uno de los mausoleos olvidados donde los primos se repartían el botín. "Toda mi familia es la rata, carnal", me confesó el joven ladrón con cierta resignación pero sin el menor dejo de vergüenza. Su padre

---

[1] Emmanuel Gallardo, "Él es Kodak, un reflejo del aumento en la incidencia delictiva de la CDMX", *El Sol de México*, 2018. Consultado en febrero de 2020 en https://www.elsoldemexico.com.mx/mexico/justicia/el-es-kodak-un-reflejo-del-aumento-en-la-incidencia-delictiva-de-la-cdmx-565345.html.

era un exconvicto que había asesinado a un policía y que después de recuperar su libertad, tras más de 10 años preso, continuó moviéndose en el sórdido mundo del crimen organizado chilango.

El Kodak no tenía duda de ello. Más de una noche sorprendió a su papá en el patio de la casa lavándose las manos y los antebrazos con sus propios orines. Ese mismo día en el cuarto del Kodak también conocí al Negro, un ladrón de apenas 17 años con un bigote delgadísimo, de rostro moreno y cuerpo escuálido, quien presumía haber *picado* a un taxista que se negó a entregarle sus pertenencias. El Negro esperaba impaciente la oportunidad de dar golpes "más serios" con el Kodak y sus primos. A Daniel Geyne le interesaron las propuestas, y como ya tenía afianzadas esas fuentes de información, que bien podían cambiar de opinión o caer presos en cualquier momento, acordamos que me dedicaría a investigar ese reportaje para presentarlo por escrito y en video.

Antes de salir de la redacción de *Yaconic* le pregunté a Miguel J. Crespo, un exalumno de periodismo de la Carlos Septién que en ese momento trabajaba para Geyne editando fotografía, si le gustaría ayudarme en la realización del videorreportaje y aceptó mi invitación de inmediato. Un par de semanas más tarde Miguel y yo estábamos subidos en el techo de una casa en el Estado de México, donde montamos una cámara, tripié y micrófonos para entrevistar al Negro y a Pancho, otro ladrón que también había pasado por la aguja tatuadora del Gato, y que aceptó hablar frente a la cámara simplemente con una gorra y lentes oscuros.

Pancho no era ningún delincuente veinteañero, sino un criminal de ojos saltones que pasaba de los 30 años, dedicado al robo con violencia de automóviles por encargo y cuentahabientes por *dedazo*. Un hombre que ya había *hecho* tiempo en el Reclusorio Norte y que con un profundo cinismo habló sin tapujos sobre su vida de criminal.

La columna vertebral del reportaje ya había sido consignada. Ahora debíamos entrevistar a víctimas, ministerios públicos, policías, académicos y reforzar con datos duros lo que en ese momento representaba el robo con violencia en la Ciudad de México, delito que cerró el 2017 con 102 714 carpetas de investigación.[2] En redes sociales contacté a personas que fueron víctimas de gente como Pancho y el Negro, y las entrevisté en mi departamento en Tlatelolco, a donde Miguel Crespo llegaba desde Ciudad Neza a montar la cámara y colocarles el micrófono a los entrevistados. Pero en julio recibí una propuesta para trabajar como reportero en el periódico *El Sol de México*. Aquella oferta significaba la tranquilidad de tener un sueldo fijo.

Como reportero *freelance* los proyectos periodísticos pueden no ser constantes, en la mayoría de los casos no hay adelantos del pago y éstos por lo regular se retrasan días, incluso meses. Por eso acepté trabajar en *El Sol de México* y de inmediato se me asignó la cobertura de la renegociación del Tratado de Libre Comercio para América del Norte (TLCAN) y posteriormente la Cámara Alta junto a la veterana reportera Bertha Becerra. Así pasé de cubrir hechos de violencia y crimen en la Tierra Caliente michoacana, Nuevo León, Tamaulipas y Guerrero, a la sala de prensa en el sótano del Senado de la República, con la tarea de entregar tres notas diarias, al menos un chisme político para los trascendidos del diario y una vez a la semana ofrecer una propuesta para reportajes especiales que tenía que realizar en los siguientes 15 días. Rápidamente la dinámica del diario me engulló, aunado a las coberturas del sismo del 19 de septiembre y las precampañas políticas rumbo al proceso electo-

---

[2] Secretariado Ejecutivo del Sistema Nacional de Seguridad Pública, Incidencia Delictiva del Fuero Común 2017. Consultado en noviembre de 2021 en Cieisp2017_022020.pdf.

ral federal de 2018, por lo que el reportaje de los ladrones se fue posponiendo y perdió el interés en *Yaconic*.

Poco después Miguel Crespo dejó de trabajar ahí y se fue a *Fusión*, un portal de noticias de la cadena Univision que intentó abrirse paso en México. Ahí Miguel ofreció el reportaje a sus nuevos jefes, quienes quedaron impresionados por lo crudo del material. De esta forma, en enero de 2018 Crespo y yo acordamos continuar con la investigación y ambos logramos reunir testimonios de más víctimas, así como opiniones de académicos y experiencias personales de funcionarios públicos pertenecientes al Poder Judicial. Más de un año nos tomó presentar "Los que se van al sobres", un videorreportaje de largo aliento que hasta el día de hoy cuenta con más de 1.4 millones de reproducciones en YouTube, y que ha servido para explicar desde dentro el incremento en la incidencia delictiva y el mundo en el que viven los ladrones chilangos. Un mundo que para muchos jóvenes delincuentes es la puerta de entrada a las grandes organizaciones criminales que actualmente azotan la mayor parte del territorio nacional y que ven en la delincuencia juvenil una fuente constante para nutrir sus filas.

Aquella investigación no sólo me permitió conocer de cerca una pequeña parte de la delincuencia organizada en la Ciudad de México, también fue el camino que me llevó a compartir varias charlas y varios porros con el Mawicho, el hombre que 16 meses más tarde, gracias a la corrupción judicial y ministerial del país, se convertiría en uno de los autores materiales de la ejecución más emblemática en la historia moderna de la capital del país.

En México, la corrupción secuestra, mata y descuartiza, y el Mawicho es prueba de ello.

PRIMERA PARTE

El infierno está en el 21

Una semana después de que se publicara el reportaje "Los que se van al sobres", el Gato, quien había sido mi *fixer* con los ladrones en la alcaldía Gustavo A. Madero, y al que pareció gustarle el oficio, me llamó por teléfono para contarme que en una de sus idas a Tepito a comprar marihuana conoció a dos narcomenudistas veinteañeros en el predio marcado con el número 21 en la calle Jesús Carranza, la famosa vecindad repleta de puntos de venta de droga donde se puede conseguir desde un toque de mota, hasta cristal, DMT y ketamina. Ahí, los dos *dealers* lo invitaron a fumar del *gallo* que se habían encendido dentro de su pequeño punto de venta, luego de que el Gato les comprara 200 pesos de marihuana. Le preguntaron por sus tatuajes, una manga completa de negro y grises al estilo chicano, y él les contó que se la había tatuado un hombre de Pachuca, Hidalgo, un maestro para el *rayón canero* con el que estuvo preso en Estados Unidos. Después, el Gato les ofreció sus servicios de tatuador. Así comenzaron a platicar con naturalidad por un rato, y ya entrada la conversación, con el segundo porro encendido, resultó que los dos traficantes también eran ladrones, sólo que uno de ellos ya se había retirado de los robos porque su novia esperaba su primer bebé. El otro, padre de una niña pequeña, continuaba robando y ya había estado preso en el Reclusorio Oriente por ese delito.

A la mañana siguiente me vi con el Gato cerca del metro Tlatelolco y enfilamos a pie hacia la colonia Morelos. Caminamos por la avenida Ricardo Flores Magón y cruzamos Paseo de la Reforma, una línea fronteriza invisible para entrar al barrio de Tepito por la calle Matamoros. A partir de ahí, las normas sociales son otras, hasta para el mismo policía recargado en un poste a unos metros de la entrada del 21 de Jesús Carranza, que luce incapaz ante todo lo ilícito que se arrastra debajo de ese cielo de lonas multicolor tepiteño, controlado por mafias que involucran a narcotraficantes, extorsionadores, policías de investigación y otros funcionarios públicos. Continuamos caminando, atravesamos Peralvillo y doblamos a la derecha al llegar a Jesús Carranza, donde el crimen organizado comenzó a hacerse presente en el panorama, con puñados de jóvenes salpicados aquí y allá ofreciendo cocaína, marihuana y cristal en plena calle, sin pudor.

Cruzamos el callejón del Estanquillo y nos subimos a la banqueta con una ligera sensación de encierro provocada por el reducido espacio para caminar que existe entre los puestos semifijos y los negocios establecidos a lo largo de toda la calle. Al llegar al 21 unos metros más adelante, el Gato y yo entramos a la vecindad con el rostro endurecido para evitar a los jóvenes que en seguida nos abordaron para vendernos su producto. "Ya tengo en dónde, carnal, gracias", decía el Gato con su característica amabilidad y sin detener el paso, mientras nos adentrábamos al predio por un pasillo hasta llegar a la tienda de los dos jóvenes que saludaron con familiaridad: "¡Qué pasó, mi hermano! ¿De cuál se va a llevar ahora?" El Gato me presentó con ellos y en seguida me ofrecieron oler dos vitroleros de plástico. "Huélela, hermano. De a 80 varos el gramo. Pura *Cali Kush* y como viene aquí con el amigo Gato, se lo voy a poner a 75, ¿cómo ve? Huélala, huélala, ahorita platicamos", me dijo uno de los *dealers* que lucía recién salido de la adolescencia, y que de forma sutil primero me urgía a comprarle de su marihuana más cara antes de sentarnos a platicar. Su socio me miró con toda la desconfianza que sus ojos empequeñecidos y rojos le permitieron. Se sentó frente a nosotros. Tenía el gesto serio, con la cabeza ligeramente echada hacia atrás y el ceño fruncido en una mueca que le hacía más densa la mirada. Sostuve el vitrolero con ambas manos y metí la cara en la abertura, mientras aspiraba el olor de una marihuana fresca y cítrica. Así le compré un par de gramos de *Cali Kush* al Mawicho, al mismo tiempo que el Gato le preguntó si se podía rolar un toque y compartirlo con ellos como lo había hecho el día anterior. "A huevo, carnal. Mire, ahí están las *canas*. Siéntense ahí y *ponchen* sin pena, hermano."

BARRIO DE TEPITO, JESÚS CARRANZA 21, MARZO DE 2018 (16 MESES ANTES DEL ATAQUE EN PLAZA ARTZ)

"La Unión está actuando como cártel. Quieren controlar todo lo ilegal, todo lo delictivo", me explicaba el Mawicho dentro de su tienda de droga en Tepito, en un día donde el sol iluminaba cada centímetro del patio de la vecindad marcada con el número 21 de la calle Jesús Carranza, uno de los puntos de distribución de droga más peligrosos de la capital mexicana, y símbolo de la impunidad en la alcaldía Cuauhtémoc. Aquel patio se asemejaba al del Reclusorio Norte en día de visita, con el hervidero de jóvenes narcomenudistas que pasivamente intimidan a los clientes para forzarlos a comprar en su tienda y con ese aire denso, ese oxígeno que se vuelve espeso cuando existe total conciencia de saber que se está rodeado de hombres que pertenecen al crimen organizado.

El Mawicho es moreno, delgado, ancho de espaldas y manos finas. Tiene la barba cerrada, siempre rasurada, y los brazos cubiertos de tatuajes hechos durante sus nueve meses de estadía en el Reclusorio Oriente, cuando fue detenido por robo agravado a los 18 años. Dentro de sus dominios ostentaba sus *rayas* sin cuidado, pero cuando salía de ese microcosmos de ilegalidad y crimen que por décadas ha sido el barrio de Tepito, el Mawicho se cubría los tatuajes con playeras térmicas blancas de manga larga. Era un ladrón y narcomenudista nacido y crecido en las peligrosas calles de la alcaldía Azcapotzalco al norte de la Ciudad de México. Un delincuente que desde su adolescencia soñó con ser ladrón.

A los 15 años, después de su primer robo en la colonia Santa María la Ribera comenzó a abrirse paso dentro de los intestinos de la mafia tepiteña gracias a su cómplice de tropelías, otro chico ratero oriundo de la Morelos que lo llevó al 21 de Jesús Carranza. Ahí "pidió chamba" y comenzó de ayudante de varios vendedores de droga hasta montar su propio punto de venta en el corazón criminal del barrio. Dentro de esa pequeña tienda, orgullo oscuro de sus siete años como delincuente, el Mawicho y su socio, un chico que aseguró ser de la misma camada de adolescentes que en mayo de 2013 fueron secuestrados en el bar Heaven de la Zona Rosa y posteriormente asesinados en un rancho en el Estado de México, me hablaban sobre la violencia ejercida por la Unión Tepito contra los narcomenudistas que no querían alinearse a su organización criminal.

24

"A mí me obligan a vender lo de ellos primero", se quejaba el Mawicho mientras le daba una calada al segundo carrujo rolado en menos de 30 minutos. Entrecerraba los párpados y sólo dejaba ver un par de cuencas secas y enrojecidas. "Aquí nos llegan los de la U a dejar su perico para que lo movamos primero y después poder mover nuestra mercancía. Pero ya cuando empiezo a vender lo mío, llegan de nuevo a recoger su dinero y te dejan más. Entonces lo de uno se va quedando, ¿me entiende? Y uno no puede hacer ni decir nada porque según hay amonestaciones y castigos. Que porque son gente de la Unión, de la Empresa. Puro pretexto para extorsionarte. Así como extorsionan a los antros de la Condesa o del Centro, así igual es con uno. Namás que más salvaje. La neta ya no está saliendo y pus yo tengo que alimentar a mi familia, ¿me entiende?"

La voz clara y rápida del Mawicho se colaba entre los vitroleros llenos de marihuana y los carrujos humeantes de otros clientes que reducían el oxígeno de la pequeña tienda de drogas. Por un momento la charla hacía olvidar la sórdida violencia normalizada que hasta hoy permite que el patio de esa vecindad sea compartido por niños y niñas que juegan con un balón de futbol, y criminales capaces de arrancarle la piel del rostro a un ser humano. Una vecindad acostumbrada a los cateos de la policía; a sus abusos, al olor de distintas drogas, a las armas y a la muerte.

Ese mismo día, mientras el Gato y yo conversábamos con el Mawicho y su socio sobre el aumento de la violencia en el barrio, presenciamos el sometimiento y el terror ejercido por miembros de la Unión Tepito en contra de otro joven que había peleado para sobrevivir. Esa presencia de muchachos organizados, armados, imponiendo su ley, sólo la había visto anteriormente en miembros de organizaciones criminales en Michoacán y Tamaulipas, entidades donde la delincuencia organizada ha sabido aprovechar la fragilidad institucional del Estado mexicano[1] para dominar a sangre y plomo la actividad política, socioeconómica y criminal en ciudades como Reynosa o en regiones completas como la Tierra Caliente michoacana. Aquel día dentro del submundo traficante en Tepito y a menos de dos kilómetros del Palacio Nacional, donde hoy duerme el presidente de México, escuché el chirrido de los radios de la maña chilanga, las claves, las voces de mando que en cada sílaba retumbaban amenazantes. La crónica que escribí sobre ese hecho fue publicada en el periódico *Capital México* en abril de 2018 con el título "Lo van a matar"; la reproduzco aquí:

"Te invito un toque, carnal. Vente para acá, conmigo. Te doy precio."

El casi susurro de los jóvenes narcomenudistas dificulta aún más entender su acento cantadito, entre los jaloneos para ganar un cliente. A la generosidad de la oferta le acompaña un trato gentil que emboza la violencia impregnada en las paredes percudidas de esta vecindad —una entre tantas— convertida en fumadero clandestino. Se podría oler el miedo, si no fuera más penetrante el avainillado aroma de la cocaína en piedra derretida por el fuego de un encendedor y por las humaredas de marihuana.

La violencia está desatada en el barrio de Tepito. Son 50 asesinatos en 15 meses en las entrañas de la colonia Morelos. Hace poco más de un mes ejecutaron a cuatro personas, que se sumaron a otros 21 asesinatos cometidos durante el primer trimestre del año por los que hay 14 carpetas de investigación por homicidio doloso. Extraoficialmente se cuentan otras cinco muertes recientes.

En todo el año pasado hubo 29 asesinatos: 20 por arma de fuego, el resto por arma blanca, asfixia o golpes.

---

[1] Luis Astorga, *Qué querían que hiciera*, Grijalbo, México, 2015.

Las autoridades responsabilizan a la banda conocida como Unión Tepito; la gente calla si le preguntan. Aquí, el control se impone con 15 golpes de tabla que revientan la espalda baja y las nalgas de los castigados, una violencia diaria, constante. Cuando el miedo no basta, se mata —casi siempre— con balas 9 milímetros.

La palabra "Unión" apenas se murmura en el estrecho pasillo hacia el fondo de la vecindad. Mejor decir "la U". Atrás quedan las voces de los vecinos, inmersos en su cotidianidad, y los gritos de los niños que juegan futbol.

* * *

"El barrio está pesado", dice una mujer que despacha gramos de cocaína pesados en una báscula de precisión. Las calles de Tenochtitlán y Jesús Carranza, en el corazón de Tepito, son más peligrosas que antes, y eso ya es decir mucho. Ella ha visto muchos muertos, "hasta cinco de un madrazo". Todo es por el control de la zona, una disputa entre las bandas de siempre y los que se quieren meter por la fuerza. "Quieren ser un solo cártel, pero los más viejos no se dejan." Los nuevos no negocian. "A los que no se alinean los están matando." Ella no discute, sólo les trabaja, aunque gane mucho menos.

La competencia narcomenudista es dura. Las trampas se pagan caro y no hay espacio para clientes necios. "Póngale a la verga de aquí, hijo de toda su puta madre. Vaya a comprar a otro lado, ramero", estalla un vendedor con poca paciencia. En la tienda de al lado, el Flaco mueve su negocio con su socio, un expresidiario (el Mawicho). Ninguno llega a 25 años. Todo en el local es blanco. Un enorme cuadro de la Virgen de Guadalupe resguarda frascos de marihuana, bolsitas de plástico con trozos de cristal metanfetamina, DMT, LSD y pastillas de colores colgadas de la pared. Dos bancos rojos permiten a sus clientes sentarse y fumar lo que decidan comprar sin ser molestados, hasta que otro joven narcomenudista rompe la calma del flujo traficante. Viene huyendo. Ruega.

—¡Hazme un paro, Flaco! Me acabo de aventar un tiro con unos güeyes de la U. La neta fue legal, pero vienen sobres. ¿Qué transa? Déjame hablar con aquél, ¿no?

Todos entienden su miedo. Al muchacho le pisan los talones sicarios de la Unión Tepito, organización criminal formada en 2009 por delincuentes locales que emplean la violencia extrema y el terror. Lo suyo es la extorsión en los principales corredores de bares y restaurantes de Polanco, Condesa, Roma, la avenida Insurgentes, la colonia Del Valle y la Zona Rosa, y controlan la venta de droga en el centro y norte de la ciudad. Son el principal aliado del Cártel Jalisco Nueva Generación en la Ciudad de México, según registro de la organización Causa Común. (Dato que el Mawicho desmentirá más adelante. La Anti Unión es el principal aliado del CJNG en la Ciudad de México actualmente.)

El joven perseguido tiembla dentro de su pantalón de mezclilla azul y su chamarra de satín negro brillante. Clama por ayuda con un gesto de angustia, el rostro hundido, la frente surcada. Sus labios palidecen, los ojos son dos líneas cóncavas y negras. Es fuerte de brazos, compacto.

Su cabello es muy oscuro, rapado a los lados, casi todo cubierto por una gorra roja que resalta un par de broqueles brillantes en sus orejas.

Con voz baja y atropellada le da detalles de la pelea al Flaco, sin dejar de mirar hacia la entrada de la vecindad. Se escabulló de los sicarios de la U en Jesús Carranza, una de las calles más peligrosas de México y que a mediados de la década pasada concentró al mayor número de vecinos presos en cárceles de la Ciudad de México. En lo alto de "Chucho Carranza" el cielo desaparece y se tupe de lonas multicolores. Así es el cielo de Tepito: cerrado, impenetrable y colorido.

El Flaco se apiada y franquea el paso. El perseguido sube las escaleras de metal lo más rápido que puede. Arriba hablará con alguien a cargo de ese pedazo de territorio: una vecindad de 14 viviendas, donde familias y sus niños de uniforme de primaria y secundaria comparten el entorno con narcomenudistas, adictos e inmundicia acumulada bajo las escaleras.

La venta deja de fluir por un momento. El Flaco y su socio ordenan calma con gestos de las manos, las palmas hacia el piso. El repentino silencio deja oír más fuerte la canción "Las vueltas de la vida", del sinaloense Lenin Ramírez. Un par de minutos después, la música se apaga bajo el ruido sordo de un grupo de jóvenes que entra en tropel. Andan en sus 30, son delgados y llevan el pelo corto, muy al estilo de los cantantes de reguetón.

—¿Dónde está ese hijo de su puta madre? —pregunta una voz dura en pleno patio de la vecindad.

Es una pregunta retórica que no espera respuesta. Los sicarios de la Unión Tepito toman las mismas escaleras que su presa y controlan los accesos.

Prepotentes, rompen el orden tácito que evita problemas a fuerza de no mirar, de saber que ahí la fama del Barrio Bravo se aprecia en cada tatuaje de la Santa Muerte, que lo mismo cubre torsos, antebrazos y cráneos tupidos de cicatrices. Hoy, en los intestinos del narcotráfico tepiteño, el respeto se gana no muriendo.

"No los veas, carnal. Voltéate p'acá", me recomienda un cliente de barbas lacias y negras, también atrapado en la vecindad sitiada por la Unión Tepito.

"Lo van a matar", anticipa el socio del Flaco (Mawicho), y sube la mirada en espera de escuchar el primer balazo. La suerte del joven acorralado se decide a unos metros de ahí. La negociación apenas es perceptible. No hay gritos ni amenazas. Se ha salvado.

—Se cagó el morro. Yo creí que lo iban a matar aquí mismo. Así es aquí con la U —dice el expresidiario.

Los sicarios salieron por donde entraron. El chico que pidió ayuda desapareció. "Se la perdonaron ahorita, pero ese güey ya es un muerto viviente", dice el cliente barbón.

—Aprovechen para moverse ahorita, carnal —recomienda el Flaco—. Van a tener que salir por donde se fueron ellos porque las "fugas" (salidas escondidas de la vecindad) están tapadas. Que los acompañe unos de mis chavos, porque ahorita sí está bien denso el pedo.

Después de haber salido de *El Sol de México* por diferencias profesionales y éticas con la entonces jefa de información del diario, llegué a trabajar al periódico *Capital*.[2] Ahora mi jefe de información era el veterano periodista Rogelio Hernández López. Él me ordenó no pararme en Tepito por un tiempo. "No quiero que te vuelvas a parar ahí en meses, ¿entendido?" El proceso electoral de 2018 comenzaba y Rogelio me asignó a un equipo de tres reporteros que cubrirían la campaña de la coalición Juntos Haremos Historia, encabezada por Andrés Manuel López Obrador y Claudia Sheinbaum, mientras que se establecía la Unidad de Investigaciones Especiales a cargo de otro experimentado reportero y maestro periodista: Gerardo Albarrán de Alba.

Sin embargo, mantuve contacto con el Mawicho, quien me siguió informando sobre los asesinatos entre las mafias de Tepito.

---

[2] Emmanuel Gallardo, "Lo van a matar", *Capital México*, 2018. Consultado en diciembre de 2020 en https://www.capitalmexico.com.mx/nacional/lo-van-a-matar/.

La violencia homicida en el barrio era tan volátil que él mismo también me pedía no ir al 21 por el momento. "Está recachondo ahorita", me advertía por teléfono. El conflicto entre la Unión Tepito y la Fuerza Anti Unión, los dos grupos criminales que se disputaban el control delincuencial del centro, sur y oriente de la Ciudad de México, había dejado ya una estela de 20 cadáveres en la colonia Morelos entre octubre de 2017 y abril de 2018, con asesinatos que mostraban cada vez mayores niveles de sadismo.

Pero en mayo regresé al 21 de Jesús Carranza. Quería escribir otro texto sobre los hechos que en esos momentos sucedían en el barrio, contado desde dentro, y así afianzar mi lugar como reportero en la Unidad de Investigaciones Especiales una vez terminado el proceso electoral.

Regresé al 21 con el Gato. El día anterior la Fuerza Anti Unión había torturado y asesinado a Gerardo González Ortiz, de 46 años, un extorsionador de la Unión Tepito. Su cuerpo apareció de cabeza dentro de un tambo de basura entre los esqueletos amarillos de los puestos semifijos en el llamado *pasaje de los relojes*, ubicado entre las calles Tenochtitlán y Fray Bartolomé. Le habían sacado los ojos. En toda la calle Jesús Carranza la tensión era visible entre los narcomenudistas que no disimulaban su urgencia en *jalar* a posibles clientes frente al arco de la entrada de la vecindad. Jóvenes de entre 15 y 30 años que trabajan en equipo con los que están despachando la droga dentro del 21. Según sea el cliente, estos muchachos pueden convertirse en hienas, en depredadores escondidos capaces de oler el miedo de los aterrados drogadictos clasemedieros con sonrisa nerviosa y pasos frágiles. Personas con poca calle que por comprar más a menor precio terminan siendo robadas o apuñaladas en las piernas, en los brazos o en las nalgas.

La entrada al 21 de Jesús Carranza para algunos es un filtro de navajas. Pero esos muchachos lucían inofensivos ante un adolescente de no más de 15 años, parado al fondo del patio de la vecindad con el torso cubierto por una playera de tirantes blanca que le hacía notar aún más su cuerpo de niño, con brazos largos y morenos, mirada de adulto; ojos desafiantes y ceño fruncido. En la mano izquierda sujetaba un radio azul que se acercaba al oído y con la derecha blandía amenazante una vieja metralleta Uzi cubierta con costras de laca negra en toda la caja de mecanismos. El adolescente lanzaba sonoras mentadas de madre con el inconfundible acento de quien ha crecido en la entraña tepiteña. "¡A chingar a su madre, culeros! ¡Aquí por la verga!", zumbaba el chico con el cañón de la Uzi apuntando hacia arriba mientras miraba fijamente el pasillo que lleva a la entrada de la vecindad. No tuvo respuesta de nadie.

"Pásenle mejor por acá, mi carnal, ¿qué buscas? Allá se los van a chingar", presionó una voz proveniente de un grupo de vendedores apiñados al fondo de la vecindad, a no más de seis metros del chico de la Uzi. Todos se miraban alertas, con actitud de estar listos para salir corriendo ya fuera por el pasillo que corre hacia el lado izquierdo, al fondo del predio —quizá la zona más peligrosa del 21— donde las cachas de las pistolas se asoman sin vergüenza por las escuálidas cinturas de hombres cenizos de edad incierta, o a través de la trastienda de una fonda ubicada en la calle Tenochtitlán, calle que corre en paralelo a Jesús Carranza. En esa pequeña fonda una mujer cobra cinco pesos por permitir entrar o salir a la vecindad por atrás de su restaurante y confundirse como un comensal más. De esta forma se evita a los peligrosos *jaladores* apostados sobre Jesús Carranza o a los no menos siniestros policías de la Secretaría de Seguridad Pública, que "vigilan" a pie la colonia Morelos.

Al amparo de una simulada presencia policial, los agentes roban y extorsionan a los consumidores sorprendidos a la salida de las vecindades donde se vende droga. Su jefe, el policía segundo

Marco Antonio Coca Acosta, el Jefe Omega, renunció a su cargo en octubre 2019 por sus vínculos con la Unión Tepito.[3]

"Se los van a chingar, tío. Por allá los van a robar." Volvió a insistir la voz que aprovechaba la imagen del adolescente armado para forzar una visita a su tienda, cuya puerta podría cerrarse en cualquier momento en caso de que al chico delgado se le fuera el dedo en el gatillo. Ignoramos los llamados, pasamos al lado del muchacho de la Uzi y caminamos rumbo a la tienda del Mawicho, que quedaba a la mitad del patio.

De nuevo estaba dentro del 21 junto con el Gato. Para él, ir a Tepito a comprar marihuana era una forma nostálgica de seguir en contacto con el mundo que sus padres le enseñaron en la década de los noventa, cuando lo dejaban esperando afuera de la vecindad mientras ellos iban a surtirse de la cocaína que más tarde vendían al menudeo en la alcaldía Gustavo A. Madero y en el municipio de Tlalnepantla, Estado de México, actividad que después él replicó por años en la ciudad de Las Vegas, en Estados Unidos, hasta que cayó preso a principios de 2008.

Caminamos con pasos seguros, calmados, pese a la tensión, y dejando ver los tatuajes que ambos tenemos a lo largo de los brazos, en un esfuerzo interno de mimetizarnos en ese predio tolerado por la corrupción en el sistema político y de justicia de la Ciudad de México, que al mismo tiempo que contiene también controla, extorsiona y protege a criminales.[4] Para nuestra sorpresa, no encontramos al Mawicho. Su tienda estaba ocupada por otros jóvenes que con premura despachaban a una fila de no más de cinco personas. No hicimos preguntas sobre el Mawicho. La más mí-

[3] Elba Mónica Bravo, "Renuncia el jefe Omega tras operativo en Peralvillo", *La Jornada*, 2019. Consultado en https://www.jornada.com.mx/2019/10/24/capital/031n1cap.
[4] Astorga, *op. cit.*

nima muestra de cualquier acción que no sea comprar droga es motivo de desconfianza entre la grey traficante que incluye a las *borregas*, hombres que quieren quedar bien con los delincuentes que controlan la vida criminal del lugar y que tranquilamente pueden estar sentados en el patio fumando marihuana, pero a la vez observan cualquier tipo de desentono para reportarlo y llevarse una palmada en la espalda de algún jefe criminal.

El Gato entró a otra tienda que quedaba a pocos metros de donde un mes antes habíamos visto despachar al Mawicho. Ahí, una adolescente morena y delgada a quien todos llamaban Desi cobraba las grapas de cocaína y los gramos de marihuana que vendía y registraba rigurosamente con tinta negra en una libreta a cuadros doblada por los bordes. Desi sentenció que ésos serían los últimos clientes que atendería. Por radio le había avisado su patrón que cerrara la tienda y se fuera.

"No, manito, ya éstos son los últimos", le dijo Desi al Gato, quien me urgió a salir del 21 porque algo podría suceder en cualquier momento. Las opciones incluían desde un operativo de la policía, hasta algún ataque a balazos. Volvimos sobre nuestros pasos. Ya no estaba el niño de la Uzi al fondo de la vecindad ni los otros vendedores. De nuevo el Gato depositó los 10 pesos de cuota para salir sobre la calle de Tenochtitlán y caminar hacia La Lagunilla. El vaso de plástico lleno de monedas descansaba encima de una vitrina, a un costado de la cocina de la fonda con su aire impregnado de grasa que se me incrustó en ambas escleróticas. Ninguno de los comensales levantó la vista. Nadie se preocupaba por quien entraba o salía de la trastienda. De alguna forma todo cliente sabe que ahí al fondo, al lado del refrigerador de Coca-Cola, existe un portal a otra dimensión. Una dimensión sórdida, violenta, totalmente ajena al capitalino promedio y siempre domada a conveniencia de las autoridades. Salimos del 21 por la calle Tenochtitlán. Fuera del predio, la romería tepiteña volvió a brillar con todos sus colores y el oxígeno se volvió menos espeso. En menos de 10 minutos caminábamos de vuelta por Flores Magón.

"Ese morro se veía muy cabrón, ¿no? Bien chavillo y bien malandro", decía el Gato con cierta impresión. Nunca volví a ver al Mawicho dentro del 21 de Jesús Carranza, sino en calles de la alcaldía Azcapotzalco, en las colonias Prohogar y Victoria de las Democracias. Ese día, dentro de la vecindad, comprobé que algunos gatilleros de los grupos criminales tepiteños no rebasan los 15 años. "Son los más loquitos —me diría después el Mawicho—. Al chile a esos chamacos se les aloca la caca feo." No me quedaba la menor duda.

A principios de mayo de 2018 la ofensiva de la Fuerza Anti Unión era letal y efectiva. Los muertos del bando de la Unión Tepito no paraban de caer y cobraron notoriedad desde la madrugada del sábado 5 de mayo con el asesinato de Omar Sánchez Oropeza, el Gaznate, identificado por impresores de la Plaza de Santo Domingo y por comerciantes de Tepito como jefe de extorsionadores de la Unión.[5] Al Gaznate lo cazaron y balearon dentro de un BMW afuera de un estacionamiento en la calle de Belisario Domínguez en el Centro Histórico de la Ciudad de México. Sus cómplices lo levantaron aún con vida y lo dejaron moribundo a la entrada de un hospital. Ellos huyeron. Seis días después, el viernes 11 de mayo, la Unión Tepito contaría con una baja más. Juan Carlos Cárdenas, el Venezuelo, fue asesinado en Chalco, Estado de México.[6] Su cuerpo había sido encontrado con huellas de

---

[5] "Ejecutan a 'el Gaznate', jefe de extorsionadores de la U", *La Silla Rota*, 2018. Consultado en https://lasillarota.com/gaznate-la-u-omar-sanchez-oropeza-tepito/220735.

[6] Carlos Jiménez, "Achacan 3 asesinatos a la Fuerza Anti Unión", *La Razón*, 2018. Consultado en https://www.razon.com.mx/ciudad/achacan-3-asesinatos-a-la-fuerza-anti-union/.

tortura, maniatado y escrito en la espalda con plumón negro "Fuerza Anti Unión".

AZCAPOTZALCO, 26 DE MAYO DE 2018
(14 MESES ANTES DEL ATAQUE EN PLAZA ARTZ)

"Los de la Anti Unión están en Garibaldi y en la colonia Peralvillo. Ésos son la Anti Unión y están protegidos por los de Jalisco Nueva Generación", me aclaraba el Mawicho dentro de mi coche, unos días después de mi intento fallido por encontrarlo en el 21 de Jesús Carranza.

Por teléfono me dijo que ya no estaba ahí y me citó en la esquina de calzada Vallejo y avenida Cuitláhuac en la alcaldía Azcapotzalco a las seis treinta de la tarde. Llegó puntual. Se subió al auto y me pidió tomar Cuitláhuac en dirección a Tacuba y nos desviamos en una bifurcación que nos internó en la colonia Prohogar. El Mawicho me dio indicaciones hasta detenernos en una calle de doble sentido, amplia y bien iluminada. Ahí sus ojos dejaron a un lado la mirada caída y el tono denso con el que había platicado conmigo y con el Gato cuando lo conocí. "A ver, dígame. ¿De qué quiere que le cuente? Primero vamos a echarnos un gallo, ¿no? Mire, ya lo traigo armado. ¿No tiene problema que fumemos aquí en su coche, veá?" Le respondí que no, que no lo había. Que ahí mismo nos podíamos fumar el gallo, mientras él buscaba un encendedor en todas las bolsas de sus pantalones. Después de las primeras fumadas, lo primero que le pregunté fue cómo se podría entender la violencia de los últimos meses en Tepito, porque se estaba desbordando. El Mawicho me *roló el toque* y con calma me respondió: "Los de la Unión están protegidos por policías de investigación y ministerios públicos pagados con lo que sale de las extorsiones.

Haga de cuenta que son como los impuestos y la Unión son los cobradores, ¿me entiende? El dinero de la extorsión paga a los policías corruptos. La U sí tiene vario poder. A esos güeyes los agarran y salen a cada rato. Tienen palancas. Están protegidos. El sistema es así. Ora sí que no hay justicia aquí en México. Eso yo lo sé porque yo he estado del lado de ser víctima, pero pus del gobierno, ¿no? A mí me agarran en un operativo antidrogas ahí en Tepito y me meten robo porque no nos encuentran nada. Los policías y ministerios públicos se ponen de acuerdo. Y es robo porque ellos dicen. Es su palabra contra la de ellos, ¿me entiende? ¿Por qué cree que yo prefiero ser la maldad?"

Como me explicó el Mawicho aquella tarde, esa relación entre vendedores de droga con algunos agentes de investigación de la Procuraduría General de Justicia de la Ciudad de México (PGJCDMX) se había evidenciado desde el 14 de mayo, día en que los policías de investigación Juan Pedro Bernal Ramírez y el jefe de grupo René Domínguez Sánchez, ambos adscritos a la Coordinación Territorial Cuauhtémoc 3 en Tepito, fueron exhibidos en un video difundido en medios de comunicación[7] al momento de recibir dinero del soborno pagado por Fernando Luna García, un vendedor de droga del llamado Cártel del 6, célula delictiva ligada a la Unión Tepito con sede en la vecindad conocida como el Palacio Negro, ubicada en el número 6 de la calle Jesús Carranza. Luego de darse a conocer el video, ambos policías huyeron llevándose consigo sus armas de cargo y equipo de comunicación. Tras el escándalo, ambos policías fueron destituidos y la PGJ se vio forzada a renovar la plantilla de 23 agentes de investigación de la Coordinación Territorial Cuauhtémoc 3. Ninguno de los dos agen-

---

[7] "Graban a agentes cobrando soborno", *El Universal*, 2018. Consultado en https://www.eluniversal.com.mx/metropoli/cdmx/video-muestra-mando-al-recibir-narcosoborno-en-vecindad-de-tepito.

tes captados en video fue investigado por sus nexos con el Cártel del 6 y la Unión Tepito.[8]

Esa protección otorgada por una parte importante del aparato de justicia capitalino es algo envidiado entre criminales. Son redes que los delincuentes han tejido a lo largo de años, de varias aprehensiones y de negociar con policías, jueces y ministerios públicos. Redes criminales que el Mawicho envidiaba profundamente. "Muchos tienen palancas y amparos machín, o su familia [los tiene]. Yo le he peleado", decía con coraje. Y es que el Mawicho no contaba con grandes conexiones en el aparato de justicia capitalino que lo sacaran de algún aprieto, sin tener que gastar el dinero que podía tener ahorrado. Esa tarde me contó con cierto orgullo sobre lo cumplido que era con las responsabilidades de su casa, con su familia. Pero, sin duda, lo que más lamentaba era no estar en niveles altos, donde otros delincuentes un poco más grandes que él se abrazaban fraternalmente con servidores públicos corruptos.

Esa impunidad codiciada por el Mawicho la había gozado el recién ejecutado Omar Sánchez Oropeza, el Gaznate, el extorsionador de la Unión Tepito, asesinado nueve días antes de que los policías de investigación fueran sorprendidos recibiendo sobornos. Al Gaznate lo mataron afuera del estacionamiento del que hacía poco había despojado a su propietario en el Centro Histórico.[9]

Aun muerto, el Gaznate es un ejemplo más de la ineficacia judicial que permite la entrada y salida de delincuentes de las cár-

[8] Antonio Nieto, "Cae 'el Fernando', quien fue grabado al dar soborno a mando de PGJ", *La Silla Rota*, 2019. Consultado en https://lasillarota.com/metropoli/cae-el-fernando-quien-fue-grabado-al-dar-soborno-a-mando-de-pgj-crimen-cdmx-narcomenudeo-el-fernando/297445.

[9] Carlos Jiménez, "Asesina a 'el Gaznate' en negocio del que se apoderó a la mala", *La Razón*, 2018. Consultado en https://www.razon.com.mx/ciudad/asesinan-a-el-gaznate-en-el-negocio-que-se-apodero/.

celes y reclusorios capitalinos. Estuvo siete veces preso.[10] Pisó los patios del Reclusorio Norte, Reclusorio Oriente y la penitenciaría de Santa Martha Acatitla.

A mediados de noviembre de 2000 lo aprehendieron por robo, pero un juez con sede en el Reclusorio Norte lo liberó el 13 de febrero de 2001. Tan sólo dos meses después, el 20 de abril, volvió a ser detenido por robo agravado. El Gaznate vivió dos años en el Reclusorio Norte, hasta que un juez de nueva cuenta lo dejó en libertad el 22 de enero de 2003. El 20 de febrero fue otra vez aprehendido y encarcelado en el mismo reclusorio. A los tres meses fue puesto en libertad por orden de un juez del penal, según el expediente RN/1352/2003. Le siguieron más encarcelamientos. El 3 de julio de 2003 regresó al Reclusorio Norte, de acuerdo con la partida RN/4914/2003. Ese mismo día lo movieron al penal de Santa Martha Acatitla, donde por fin quedó cuatro años preso, como hace constar el expediente CV/556/2004. Salió de ahí en 2008 y ahora la libertad no le duró unos meses, sino dos años. Pero en 2010 el Gaznate fue otra vez aprehendido y enviado al Reclusorio Oriente del 19 de noviembre al 25 de octubre del 2011, según el expediente RO/7998/2010. Su último ingreso a una cárcel registrado fue el 19 de abril de 2016 (RO/628/2016), cuando el juez 23 penal Andrés Miranda González lo dejó libre en 12 horas "por falta de elementos bajo reservas de ley", a pesar de cargar con la acusación de haber asesinado a balazos a un repartidor de gas en la alcaldía Gustavo A. Madero[11] y que al ser capturado le encontraron en su poder

[10] Carlos Jiménez, "Extorsionador de la Unión sale libre... por séptima ocasión", *La Razón*, 2017. Consultado en https://www.razon.com.mx/ciudad/extor-sionador-la-union-sale-libre-septima-ocasion/.

[11] Carlos Jiménez, "Atrapan a asesino prófugo desde 2010... y juez lo libera en 12 horas", *La Razón*, 2016. Consultado en https://www.razon.com.mx/ciudad/atrapan-a-asesino-profugo-desde-2010-y-juez-lo-libera-en-12-horas/.

41 pastillas psicotrópicas, 60 bolsas de cocaína y 94 de marihuana. Fue hasta el 5 de mayo de 2018 que el Gaznate tuvo un final definitivo cuando llegó agonizante al hospital Gregorio Salas,[12] a tan sólo dos cuadras del lugar donde los pistoleros de la organización criminal Cártel Jalisco Nueva Generación (CJNG) lo atacaran a balazos. Ahí murió. Ya lo habían amenazado dos días antes junto a otros miembros de la Unión Tepito en una manta colgada de un puente peatonal en la colonia Tlaxpana en la alcaldía Miguel Hidalgo.[13]

El Mawicho aspiraba a convertirse en uno de esos delincuentes con alto poder corruptor, como el Gaznate. Criminales reconocidos en el submundo de la delincuencia organizada de la Ciudad de México por su poder económico, fruto de constantes delitos y por sus contactos con servidores públicos que les garantizaban una vida delincuencial con salidas siempre reguladas por el débil aparato judicial capitalino. Dentro de mi auto, que para ese momento ya se había convertido en una cámara de gas, el Mawicho me confirmó que ya no tenía la tienda de droga en el 21 de Jesús Carranza. La presión que ejercía la Unión Tepito contra los traficantes del barrio y los asesinatos constantes entre ellos y la Fuerza Anti Unión lo habían sacado momentáneamente de la vecindad. El Mawicho y varios otros narcomenudistas instalados en el 21 ya no soportaban las extorsiones de la Unión. La violencia silenciosa de los grupos criminales podía llegarle en cualquier momento.

Las siguientes veces que vi al Mawicho seguimos la misma rutina que se volvió una especie de intercambio: yo le compraba un

[12] Filiberto Cruz, "Matan a hombre en Centro Histórico; recibió amenazas", *Excélsior*, 2018. Consultado en https://www.excelsior.com.mx/comunidad/matan-a-hombre-en-centro-historico-recibio-amenazas/1237166.

[13] David Saúl Vela, "Investigan aparición de narcomanta en CDMX firmada por el CJNG", *El Financiero*, 2018. Consultado en https://www.elfinanciero.com.mx/nacional/investigan-aparicion-de-narcomanta-en-cdmx-firmada-por-el-cjng.

par de carrujos de mota que nos fumábamos mientras me hablaba de cómo era la vida en el Tepito narcotraficante, donde varios *dealers* y delincuentes como él vivían el aumento de las ejecuciones desde años atrás. Al principio pensaron que pasaría; sin embargo, contrario a ello, la violencia se incrementó en los siguientes años no sólo en la colonia Morelos, sino en toda la Ciudad de México gobernada por Miguel Ángel Mancera (PRD), la cual pasó de 798 homicidios dolosos en 2015 a 1 396 en 2019, el año más violento en la capital del país en los pasados siete años y que marcó con sangre y plomo el inicio de la nueva administración encabezada por Claudia Sheinbaum Pardo (Morena). El Mawicho no exageraba. En 2019 la muerte rondaba las calles y los túneles del Barrio Bravo con la guadaña afilada, y el Mawicho no contaba con ningún respaldo más que el de su socio, quien sí tenía cierto respeto heredado por su padre, pero al Mawicho eso no le alcanzaba. Él no tenía lazos de sangre con Tepito, ni su papá había sido un delincuente prominente y respetado como lo había sido el padre de su socio. Por eso continuó robando. Al igual que el Kodak y su familia, el Mawicho todo lo conseguía a punta de atracos de todo tipo.

Cuando lo volví a ver a finales de mayo y principios de junio, mi editor, Xavier Rodríguez, monitoreó discretamente mi encuentro con él desde la redacción del periódico. Otra vez estaba el Mawicho en mi coche expurgando marihuana, pero esta ocasión había algo en su voz que reflejaba cierta emoción y que al mismo tiempo le restaba importancia al hecho de ya no vender droga en Tepito. Era extraño. Después de todo, el narcomenudeo y el robo vestían, calzaban, alimentaban y daban un techo a su novia y a un menor de año y medio. También le daban la oportunidad de darles regalos ocasionales a su hermana y a su abuela. Pero en esa ocasión el Mawicho no quería hablarme mucho de Tepito y sus mortíferos ataques. Había algo más que lo aislaba de la violencia

41

del barrio y de su ya habitual forma de explicarme su universo. Ahora su charla se reducía a frases cortas y esquivas. Dejé de preguntar. Pensé en despedirme. Hubo un momento de silencio que rozó la incomodidad.

El Mawicho echó la quijada hacia adelante como cuando lo conocí en la vecindad de Tepito, reclinó la cabeza ligeramente hacia atrás y dijo con la misma emoción con la que alguien suelta la noticia de un nuevo empleo: "Me están invitando a irme con el Cártel Jalisco Nueva Generación. Es un chamaco de la [colonia] Moctezuma. Él tiene el conecte. Me dice que ellos me pagan el boleto de autobús a Puerto Vallarta. Ayer ya me iba a ir. Se lo juro. Namás que ya no encontré al chamaco". El silencio se alargó unos segundos mientras el Mawicho continuaba expurgando la marihuana que había vertido en un panfleto publicitario que usaba de charola. Ya era de noche y la luz amarillenta del alumbrado público le delineaba el perfil del rostro. Traía el cabello recién cortado como muchos jóvenes en Tepito: muy corto de arriba y a rape de los costados. Olía a loción y estaba pulcramente afeitado.

Mientras lo escuchaba decir que la situación de violencia en Tepito cada vez era más tensa y que la oferta de unirse al grupo criminal más sanguinario de México era una opción real, como ráfagas se aparecieron en mi cabeza las imágenes de los jóvenes michoacanos miembros de los Viagras y de la Nueva Familia Michoacana, a quienes había entrevistado en distintas ocasiones en el corazón de la Tierra Caliente cuando era corresponsal en México del medio holandés RNW Media, así como para el portal *Revolución 3.0.*[14]

Pensé en el Jordy, señalado apenas el mes anterior por el gobierno de Michoacán como sobrino de Nemesio Oseguera Cer-

---

[14] Emmanuel Gallardo, "Los niños guerrilleros en la Tierra Caliente", *Revolución 3.0*, 2015. Consultado en https://revolucion.news/los-ninos-guerrilleros-de-la-tierra-caliente/.

vantes, el Mencho,[15] supuesto líder del grupo criminal CJNG. Con Jordy pasé varias horas en una casa de seguridad en la localidad de Pinzándaro, a 45 minutos de Apatzingán, junto con los reporteros Rodrigo Caballero y Eduardo Morelos, a la espera de entrevistar a Nicolás Sierra Santana, líder de los Viagras. En mi mente también se cruzó Noel Ramírez Estrada, el autodefensa sobreviviente de la masacre de Apatzingán el 6 de enero de 2015 y a quien seguí por ocho meses en su lucha por obtener justicia.[16] Noel Ramírez también había estado sentado en innumerables ocasiones en ese mismo asiento de mi Mazda rojo que ahora ocupaba el Mawicho.

También recordé a Gustavo, el brillante productor de quesos convertido en autodefensa y pistolero,[17] quien llamaba a mi celular a mitad de los enfrentamientos como prueba desesperada de los constantes ataques que lo obligaron a empuñar un rifle AR-15 que los Viagras convenientemente le habían dado para defender su pueblo, precisamente de las embestidas paramilitares del CJNG. Gustavo, al igual que Noel Ramírez, también se había sentado en ese mismo asiento de loneta negra donde ahora el Mawicho se disponía a encender un carrujo de marihuana.

Pero algo no cuadraba entre el Mawicho y esos jóvenes combatientes que de súbito ocuparon mi mente y a quienes había entrevistado y cuyas historias luego había publicado en diversos medios de comunicación.

---

[15] Miguel García Tinoco, "Detienen al sobrino de 'el Mencho' en Michoacán", *Excélsior*, 2018. Consultado en https://www.excelsior.com.mx/nacional/2018/03/14/1226410.

[16] Emmanuel Gallardo, "Sobrevivir al Estado: 'la Federal quiso matarme'", *Vice*, 2016. Consultado en https://www.vice.com/es/article/xdj4yz/sobrevivir-al-estado-la-federal-quiso-matarme.

[17] "Gustavo, gatillero por autoprotección", *Capital México*, 2018. Consultado en https://www.capitalmexico.com.mx/nacional/gustavo-gatillero-por-autoproteccion/.

El Mawicho no era un campesino cortador de limón atrapado en medio de un conflicto armado, no tenía ninguna ideología política o social, ni había crecido en medio de los fusiles. A diferencia de Noel Ramírez, el Mawicho no había visto el cadáver de su padre con la cabeza despedazada a rocazos por la tortura de los Zetas. Tampoco había visto a ninguno de sus familiares en medio de casquillos percutidos y un charco de sangre. El Mawicho no vivía en una zona remota de México, con las instituciones del Estado resquebrajadas y tomadas por el grupo criminal dominante. Y no es que la Ciudad de México y sus instituciones judiciales fueran un ejemplo de blindaje anticrimen, respeto a los derechos humanos, al debido proceso y la buena gobernanza, sino que el Mawicho era un joven citadino que por decisión propia quiso ser ladrón a los 15 años y narcomenudista a los 20. Ahora, a los 22, estaba con un pie dentro de la segunda organización criminal más poderosa de México y yo era testigo de lo que sería su propia evolución criminal.

—¿Cómo ve? ¿Qué piensa? —me preguntó el Mawicho con el porro entre los labios y con ojos que rogaban por un consejo.

Podría haber sido indiferente ante su disyuntiva, escudándome con algún argumento sobre los límites periodísticos, pero algo dentro de mí se agitó como cuando se ve a una persona a punto de aventarse de un puente. En su pregunta había una duda legítima. Pensé en mi respuesta. Como reportero, en los pasados seis años he visto de cerca el dolor provocado por la crisis humanitaria y de inseguridad ciudadana en México. De 2015 a 2018 cuatro jóvenes que fueron mis fuentes de información en Michoacán habían sido asesinados en diversas situaciones de violencia, como miles de muchachos mexicanos que han pasado a ser material desechable para las organizaciones criminales y sus cuerpos terminan despedazados luego de entrar de manera voluntaria o forzada a los universos de ensañamiento social a lo largo y ancho del territorio. Por esa razón, decidí unos minutos quitarme el gafete de reportero frente al joven delincuente de 22 años que me explicaba Tepito y sus demonios desde dos meses atrás.

—Bueno, en este momento me quito el chaleco de reportero y te voy a contestar lo que creo. Te hablo derecho, como hombre, como ser humano.

El Mawicho recargó la nuca contra la cabecera del asiento, entrecerró los ojos y me extendió el toque de marihuana seguido de un "a ver, dígame" carraspeado. Le di tres profundas caladas. El humo de la marihuana que exhalé nubló todo el interior del Mazda, pero no bajamos las ventanas. El Mawicho volteó a la izquierda y me miró directamente a los ojos en espera de que le dijera algo. Sentí una profunda empatía y le di una respuesta honesta:

—No va a haber salida, Mauricio. He conocido gente que ha tomado esa decisión y que no sale. Los grupos armados están llenos de personas humildes. Está la disparidad social que existe en México. Gente muy pobre que no tiene otras opciones y se mete a los grupos armados. Toma una decisión que cambie tu vida y que te ponga a salvo. Tienes familia. Un recordatorio constante que tienes tatuado en la piel. Si tú te enredas, en ese momento ya tomaste un camino. Y no tengo que contarte qué es lo que pasa si tomas esta opción. Solamente te digo que pueden hacerte pedazos vivo. Allá no es un juego. Allá ya no hay vuelta atrás. Tú tomas esta decisión y te olvidas de tu hija. De tu esposa. De tu mamá. De las personas que yo no conozco pero que sabes que te importan. Eso es lo que pienso.

Le extendí de regreso el carrujo con la brasa ardiendo. El Mawicho se hundió en sus cavilaciones. Tiraba la ceniza en el panfleto donde minutos antes había limpiado la marihuana y mantenía la mirada clavada en el tablero del coche.

—A veces se me olvidan [su familia]. Al chile. ¿Sabe cuál es el pedo? La ambición hacia el dinero, el poder, ¿me entiende? Fíjese que ayer algo que también me dijo la mamá de mi hija… Ella es más chica que yo y a veces le trato [*sic*] de platicar de Dios, de esto, pero fíjese que me dijo algo que me impactó; le digo: "Chale, amor, ¿por qué no puedo ya ser un hombre exitoso? Ya tenerlo todo". Y ella me dijo: "¿Ya te viste [*sic*] la edad que tienes? Estás muy chico. O sea, relájate". Pero yo me desespero. Y digo ya, todo a su tiempo. Me desespera que a veces estoy bien. Me cuesta trabajo acostumbrarme a la idea de un trabajo, así, derecho, ¿me entiende?

A sus 22 años, el Mawicho nunca había sido parte del mundo laboral de la Ciudad de México, de donde nunca había salido. No tenía seguro médico ni una sola semana cotizada en el Instituto Mexicano del Seguro Social (IMSS). El único dinero que llegó a ganar sin delinquir fue en 2010, cuando a los 13 años acompañaba a su padre y a su abuelo a lavar autos en el estacionamiento de la Escuela Superior de Comercio y Administración (ESCA) del Instituto Politécnico Nacional (IPN) en el Casco de Santo Tomás. Cobraban 25 pesos por coche. Eran tiempos en que la sangre le hervía cuando se encontraba con clientes prepotentes que llegaron a humillar a su abuelo sin que su padre hiciera nada por defenderlo. Aunque de haberlo hecho, la justicia selectiva del entonces Distrito Federal podía haberlos llevado detenidos aunque ellos tuvieran la razón. Los lavacoches, viene-viene y demás capitalinos que se autoemplean en las calles siempre tienen más qué perder ante cualquier altercado en donde medie la policía. Son vistos calladamente como ciudadanos de segunda clase, más ante los ojos de las autoridades. Ésas eran las primeras lecciones del Mawicho y sus primeros rencores sociales.

En el asiento trasero del coche había una caja con libros que donaría. Llevaba más de una semana volteándose y vaciando los libros tras algún enfrenón brusco o en una vuelta. Ahí estaba una copia de *¿De qué se ríe la Barbie?*, del reportero Miguel Aquino. Un regalo que me había hecho el fotógrafo Lizardi Saucedo hacía unos años. Un libro que para efectos prácticos resumía las consecuencias legales del narcotraficante de origen estadounidense Édgar Valdez Villarreal, la Barbie, un delincuente destacado cercano a los hermanos Beltrán Leyva y del que se dice que apadrinó al grupo delictivo capitalino la Unión Tepito en mayo de 2010. Casualmente sería una persona muy cercana a la Barbie a quien un año después el Mawicho mataría a balazos. Actualmente Édgar Valdez Villarreal cumple una sentencia de 49 años de prisión en Estados Unidos.

—Échale una leída, Mauricio. Puede que ésta sea la última oportunidad que tengas para replantear tu vida. No la desperdicies. Por algo ya no encontraste a la persona que te llevaría a Puerto Vallarta.

Le extendí el libro y él lo tomó con unas manos que de inmediato hojearon sus páginas en busca de fotografías. Me dio las gracias y prometió que lo leería.

—La próxima vez que lo vea le platico qué onda [con el libro], ¿va?

Por un breve momento creí que ese joven delincuente ávido de reconocimiento, de dinero y de respeto sería capaz de repensar su decisión de convertirse por voluntad en un asesino a sueldo, en un desalmado secuestrador y descuartizador a las órdenes de la organización criminal CJNG. Regresamos al tema del conflicto entre mafias en Tepito. Le pregunté sobre el ejecutado en el pasaje de los relojes y de nuevo el Mawicho retomó el tono indiferente, acostumbrado a la violencia homicida que hasta ese momento veía de lejos, pero que ya rozaba con la punta de los dedos como cuando me dijo "lo van a matar", el día que los pistoleros de la Unión Tepito buscaron a su presa dentro del 21 de Jesús Carranza.

—Ah, pus era de la Unión. Poco a poco ya los están matando los de Jalisco. Les están llegando con todo por estafadores y extorsionadores. Pasados de verga. Al final es la misma mierda pero embarrada, ¿no?

Su voz ya notaba urgencia por irse. Mawicho salió del Mazda. Había hecho rollo el libro y lo sostenía con ambas manos. Antes de bajar miró en todas direcciones como si estuviera cuidándose de alguien. Me dio las gracias de nuevo antes de cerrar la puerta del coche y enfiló hacia la colonia Victoria de las Democracias. Yo como pude salí a calzada Vallejo.

LA EJECUCIÓN DEL PULGA Y LOS DESCUARTIZADOS EN INSURGENTES (13 MESES ANTES DE LA EJECUCIÓN EN PLAZA ARTZ)

Quince días después de mi encuentro con el Mawicho en la alcaldía Azcapotzalco, donde ponderó dejar a su familia, montarse en un autobús y unirse sin más trámite al CJNG, las amenazas firmadas por este grupo delictivo contra varios miembros de la Unión Tepito nuevamente se cumplían.

El viernes 8 de junio de 2018 Juan Iván Arenas Reyes, el Pulga, otro de los cabecillas de la Unión, fue asesinado a balazos[18] a la entrada de la unidad habitacional DeMet en la avenida Insurgentes Norte número 458. Ahí el Pulga vivía en el edificio Geranio con su madre. De la misma forma que con el Gaznate, al Pulga lo cazaron pistoleros mientras estaba a bordo de una camioneta Volkswagen a punto de entrar a la unidad habitacional. Días después del asesinato, la madre de Arenas Reyes colocó una cruz en donde habían ejecutado a su hijo y aseguró a varios de sus vecinos que el asesinato no quedaría impune.[19]

---

[18] Eduardo Hernández, "Cae 'la Pulga', sicario de Tepito", *El Universal*, 2018. Consultado el [fecha] en https://www.eluniversal.com.mx/metropoli/cdmx/matan-ligado-con-la-union-de-tepito.

[19] Filiberto Cruz Monroy, "'El pulga' de la Unión Tepito entrenaba a sus

La respuesta salvaje de la Unión Tepito no se hizo esperar. Nueve días después de la ejecución del Pulga, en la madrugada del domingo 17 de junio los cuerpos descuartizados de Alfonso Delgado Pérez, de 41 años, y de José Francisco de Jesús Oropeza, de 19, fueron esparcidos en el bajopuente de la avenida Insurgentes Norte que conecta a las colonias Santa María la Redonda y Nonoalco Tlatelolco, en la alcaldía Cuauhtémoc.[20] Sus restos fueron arrojados frente a la unidad habitacional DeMet. Ambos hombres habían sido torturados. A José Francisco le arrancaron la piel del rostro. Su cara y otras partes de su cuerpo aparecieron en San Juan Ixhuatepec, municipio de Tlalnepantla, en el Estado de México.[21] Del puente vehicular que desemboca a la avenida Ricardo Flores Magón y el eje de Guerrero fue colgada una manta con amenazas al líder del grupo criminal Anti Unión y a los policías que le brindaban protección. En ella también desestimaban el apoyo de la organización criminal CJNG.

MARTES 19 DE JUNIO DE 2018, AZCAPOTZALCO (13 MESES ANTES DEL ATAQUE EN PLAZA ARTZ)

"Le dije que las cosas están recachondas." Fue el saludo del Mawicho cuando entró al Mazda dos días después de que la Unión Tepito esparciera los restos humanos de sus rivales sobre el carril

vecinos", *Excélsior*, 2018. Consultado en https://www.excelsior.com.mx/comunidad/el-pulga-de-la-union-tepito-entrenaba-a-sus-vecinos/1245104.

[20] "Hallados dos cuerpos desmembrados y una narcomanta en Ciudad de México", *El País*, 2018. Consultado en https://elpais.com/internacional/2018/06/17/mexico/1529253062_839910.html.

[21] "Hallan una cara en la México-Pachuca; sería del segundo descuartizado", *La Silla Rota*, 2018. Consultado en https://lasillarota.com/cara-rostro-mexico-pachuca-descuartizados-tlatelolco-jose-francisco/229659.

del metrobús en la avenida Insurgentes Norte. "Pero no tengo de otra. Ya regresé a vender. Es en otra vecindad. La verdad, [regresé] con miedo, pero me dijo el chavo con el que ahora vendo: 'Si te queda, yo te dejo que vendas sólo mota. La que quieras'. Y eso me conviene, porque así no tengo patrón, ya nada más tengo lo mío. Perico y piedra es [sic] del otro compa."

En medio de los asesinatos entre grupos criminales y del Operativo Blindaje Tepito, reforzado con 500 policías de investigación,[22] el Mawicho había regresado a traficar al barrio. Le pregunté sobre los descuartizados de Insurgentes y cómo se vivían los días en la Morelos luego del contraataque salvaje de la Unión y el aumento de la vigilancia. Pero su respuesta era la misma de antes. La repetía con el hartazgo sutil de alguien que tiene que explicar varias veces una obviedad: "Ire, tío, ya todo está apalabrado, al chile. Es hacer como que hacen. Porque al chile mucho policía se lleva su feria de esto. Muchos". Sobre los descuartizados del puente de Insurgentes el Mawicho no dijo nada. Sólo encogió los hombros con indiferencia y se quejó por la incomodidad sentida entre los vendedores de droga en Tepito por el "operativo reforzado" de la entonces Secretaría de Seguridad Pública (SSP) tras levantar el reguero de restos humanos.

Ya desde el 15 de mayo la SSP había iniciado labores de vigilancia con 170 policías de investigación, pero aun así los ataques entre grupos criminales no paraban. Mucho menos el resto de la actividad delictiva. Las probabilidades de reducir la inseguridad ciudadana en realidad eran muy bajas debido a la presencia de agentes investigadores cada vez más vinculados con los miembros

---

[22] Filiberto Cruz, "Refuerzan Operativo Blindaje en el centro de la CDMX", *Excélsior*, 2018. Consultado en https://www.excelsior.com.mx/comunidad/refuerzan-operativo-blindaje-en-el-centro-de-la-cdmx/1246600.

de la Unión Tepito. Así lo confirmó un año después Claudia Sheinbaum Pardo, electa jefa de gobierno de la Ciudad de México para el periodo 2018-2024, luego de que en otro operativo en la Morelos a finales de octubre 2019 Óscar Andrés Flores Ramírez, el Lunares, miembro de la Unión Tepito, acusado de secuestro exprés agravado, escapó por túneles subterráneos gracias a una llamada de alerta hecha por la misma policía capitalina.

El periódico *El Universal* publicó el 23 de octubre de ese mismo año que autoridades del nuevo gobierno de la Ciudad de México habían detectado a por lo menos 120 policías coludidos con la Unión Tepito, de los cuales 40 eran policías de investigación y el resto de la Secretaría de Seguridad Ciudadana (SSC), antes Secretaría de Seguridad Pública (SSP).

"Había personas de la SSC y de la Policía de Investigación vinculadas con el crimen", confirmaría Sheinbaum Pardo, dejando en claro la presencia de delincuentes vestidos de policías dentro del fragmentado sistema de justicia capitalino entregado por la saliente administración perredista.

La Ciudad de México cerró mayo de 2018 con 115 homicidios dolosos, según los datos del Secretariado Ejecutivo del Sistema Nacional de Seguridad Pública[23] (SESNSP), y en junio la violencia no cesó, con un promedio de cuatro asesinatos por día.[24]

Para el 20 de junio, tres días después de que la Unión Tepito arrojara pedazos de seres humanos sobre la avenida Insurgentes

---

[23] Secretariado Ejecutivo del Sistema Nacional de Seguridad Pública, Incidencia Delictiva del Fuero Común 2018, 20 de diciembre de 2020. Secretariado Ejecutivo del Sistema Nacional de Seguridad Pública, 38, 68, Instrumento para el Registro, Clasificación y Reporte de Delitos y las Víctimas, 10 de febrero de 2020.

[24] *Ibidem.*

Norte, Edmundo Garrido, entonces procurador de justicia capitalino, reforzó el Operativo Blindaje Seguro Ciudad de México en la zona Centro, con medio millar de dudosos policías de investigación que iniciaron recorridos de vigilancia en 130 patrullas por el corredor Mixcalco-Tepito, Garibaldi, Lagunilla y Santo Domingo. Sin embargo, toda esa fuerza policial no fue efectiva ni contundente para terminar con la violencia del crimen organizado en la capital del país. Más bien, era una suerte de contención simbólica para intentar administrar de forma desastrosa la violencia que hasta el día de hoy permite el tráfico de drogas, armas y otras actividades criminales en Tepito y en distintas partes de la Ciudad de México.

Para julio de 2018, los homicidios dolosos en la capital mexicana llegaron a 120, el tercer mes con más asesinatos en ese año. Pese a la demostración del músculo policial, la vida traficante del barrio no se vio afectada. El Mawicho ya había regresado a vender droga, así como otros vendedores que sólo cerraron sus tiendas de forma temporal. Los despliegues policiacos, como símbolo de acción y fuerza en la lucha contra la delincuencia organizada, en ningún momento fueron parte de cambios integrales en la política de seguridad de José Ramón Amieva durante su paso por la jefatura de gobierno de la Ciudad de México.

Mientras tanto, en el universo delictivo de Tepito sólo se intensificó el estado de alerta y la movilización de los *halcones*, los jóvenes vigías que trabajan con los traficantes de droga dentro de las vecindades de la colonia Morelos. Los *halcones* son muchachos informantes que pueden estar parados en las esquinas, detrás de un puesto, dentro de algún predio o corriendo arriba de una motoneta a toda velocidad entre las angostas áreas peatonales invadidas por los puestos semifijos, pitando agudos claxonazos para forzar a la gente a hacerse a un lado y con los radios de comunicación en la mano como bandera de su procedencia. Ellos reportan todo movimiento inusual ajeno a la cotidianidad del barrio.

La información proporcionada por los *halcones* recae en líderes de mayor influencia y capacidad corruptora. Criminales con contactos en la SSP como el Lunares. Delincuentes con el poder económico suficiente para corromper mandos policiacos que informan de operativos poco antes de que se lleven a cabo. Cuando esto ocurre, en los radios de los *halcones* truenan las alertas. En segundos las tiendas y los cuartos donde se almacenan armas y droga se cierran. Caen las trabes de acero detrás de las puertas y las gargantas de lo más oscuro del narcotráfico tepiteño se abren: túneles de concreto que pueden ir de Jesús Carranza a Peralvillo y de Peralvillo a Tenochtitlán o a la calle de Estanquillo. Son los mismos túneles donde los enemigos y víctimas de la Unión Tepito corren la peor de las suertes. Donde hay altares al diablo hechos con cráneos humanos cubiertos de sangre hecha costra, rodeados de machetes clavados en pequeños toneles forrados con delgadas tiras de palma seca sujetados por cadenas. Un sincretismo macabro que incluye cruces sin un Cristo, pero con el rostro del demonio en el centro, vasijas negras y hasta un feto. Es el infierno subterráneo con sangre que ya coaguló en piso, techo y paredes.

En esos túneles no nada más se pide protección y se ofrenda al diablo, sino que también se desea lo peor a los rivales, a la competencia que lucha a muerte en el espeso pantano de envidias entre criminales de todo tipo. También se abren las fugas, como la trastienda de la fonda en la calle Tenochtitlán que esconde un acceso al 21 de Jesús Carranza.

Cuando los operativos revientan las vecindades, los que pueden corren, trepan azoteas, brincan tinacos. Todo para no caer en las manos de la policía mexicana pobremente preparada, que no dudará en fabricar delitos en caso de no encontrar forma jurídica que demuestre la flagrancia, la detención legítima y puesta a disposición con el agente del Ministerio Público.

Al Mawicho lo volví a ver hasta después de las elecciones.

EJE VIAL MANUEL GONZÁLEZ, CANCHA PUMAS TLATELOLCO, JUNIO DE 2018

"Son las cifras las que importan. Los números que el fiscal, el procurador o el jefe de Gobierno presumirán como un logro y que al final se incluirán en las estadísticas públicas. Aquí no hay una verdadera procuración de justicia." La firmeza en la voz de la licenciada "Claudia", auxiliar de Ministerio Público en la Coordinación Territorial Cuauhtémoc 3 de la Procuraduría General de Justicia de la Ciudad de México (PGJCDMX), es una mezcla de resignación y hartazgo. La primera vez que pude hablar con ella fue después de haberme dejado plantado tres veces en tres puntos diferentes cercanos al metro Tlatelolco. Pero a finales de junio la licenciada Claudia dejó a un lado sus informalidades y llegó en su auto que estacionó sobre el Eje 2 Norte Manuel González, a pocos metros de la cancha de futbol rápido Pumas Tlatelolco. Tres meses atrás, en las gradas de ese centro deportivo, asesinos de la Unión Tepito mataron a balazos a Víctor Jesús Barajas, identificado por comerciantes como el principal vendedor de droga en la plaza Garibaldi, afín a la Fuerza Anti Unión.

La licenciada Claudia tiene 16 años de carrera dentro de la PGJ capitalina y ha vivido en medio de la corrupción burocrática del sistema judicial. En varias ocasiones ha sido testigo de los nexos entre la policía y la delincuencia organizada, de los arreglos que los ministerios públicos realizan con familiares de delincuentes para negociar su liberación a cambio de dinero, de los cuales ella también se beneficia. "No hay de otra. O le entras o te mandan al fin del mundo; allá por Cabeza de Juárez", dice la servidora pública en referencia a otras coordinaciones territoriales lejos de su domicilio y que son usadas como castigo para los burócratas con muestras de disidencia. Sus ojos son enormes, redondos y negros. Me pedía con énfasis que tuviera cuidado de no mencionar jamás su verdadero nombre; me podía hablar de lo que quisiera, menos de su edad.

Claudia es elocuente y directa. Ronda los 40 años y su trato es el mismo dentro o fuera del cubículo donde inicia carpetas de investigación por los delitos relacionados con la venta de droga, asesinatos, despojo, robo, extorsión. Todo ese catálogo de crímenes que caen como lluvia de ácido sobre los habitantes de la Ciudad de México, víctimas del 98.3% de impunidad, de la inefectividad ministerial y judicial que organizaciones internacionales independientes como World Justice Project han documentado en estudios como el "Índice de Estado de derecho", reporte que mide el desempeño institucional en el país y que ha dado cuenta de la debilidad del sistema de justicia penal mexicano en sus ediciones 2018 y 2019-2020.

Dentro de su coche estacionado frente a lo que fue una escena del crimen tres meses atrás, la licenciada Claudia le daba un largo trago a su azucarado jugo de durazno. Pensé que nos moveríamos de ahí, pero jamás encendió el motor. Le pregunté en seguida sobre la violencia en Tepito, sobre la saña mostrada en los descuartizados de Insurgentes Norte y si esa violencia era un reflejo de la corrupción dentro de la policía de la Ciudad de México.

—Sí, es evidente que todo mundo está relacionado de alguna manera. De una u otra forma se está permitiendo que suceda esto a través [sic] de las autoridades. ¿Con qué fin? Evidentemente… Yo creo que es lucrativo. Porque si las autoridades saben que en la calle de Jesús Carranza se vende [droga] a partir de las… Si tú vas a la calle de Peralvillo vas a ver que entran camionetas muy costosas, vehículos de modelos muy recientes, carros lujosos. Entran a partir de las 11 o 12 de la noche. ¿Cómo [es que] en un barrio popular entran este tipo de camionetas? Pues porque todo mundo sabe que en la calle de Jesús Carranza es la venta libre de droga. Desde un cigarrito hasta paquetes. Es impresionante esto, y ¿tú crees que las autoridades no saben esto? ¡Por supuesto que lo saben! ¡Se llevan una tajada económica de esta situación y es de los grados más pequeños, hasta las esferas más altas!

De nuevo escuchaba ese tono de obviedad en sus preguntas retóricas, similar al que ya le había oído al Mawicho cuando le preguntaba sobre el aumento de la vigilancia policial en Tepito y la afectación que ésta provocaba en el mundo traficante en la colonia Morelos. Pero Claudia lo hacía más evidente.

—Vuelvo de nuevo al ejemplo de la calle de Jesús Carranza: si yo, policía, durante mis rondines veo que en esa calle se está vendiendo droga, ¿qué tengo que hacer yo como policía? Pues poner a disposición a esta persona [que está vendiendo droga], ¿no? Porque está cometiendo un delito. Pero si esa persona me dice: "¿Sabes qué?, te doy 500 pesos". Bueno, me estoy subiendo mucho, 200 pesos. "Dame chance, ¿va?" Porque es muy importante resaltar esto: el policía de este país está tan vilipendiado, tan sobajado, tan humillado por sus propios jefes, por la propia corporación. Es de los peores, peores oficios, en mi opinión. Porque son jornadas extenuantes. Si tienen una falta, luego luego los arrestan. No pueden faltar, no pueden enfermarse, no pueden protestar, no pueden decir nada, porque te arresto, te castigo. Así es la Secretaría de Seguridad Pública. Generalmente los policías son de educación baja. Primaria, secundaria y hasta ahí. Entonces carecen de recursos, y un veinte extra pus no me cae mal. Acepta esos 200 ese patrullero que hace sus rondines, que no hace más. Después, el jefe seguramente se va a enterar y pues, bueno, yo también quiero.

Porque a ese jefe lo regaña el de arriba y el de arriba, porque esto es así, escalonado. A mí me arrestan, yo te arresto a ti. Si tú me reportas un robo y a mí me castigan por ti, yo te castigo a ti. Cuando sabemos que, bueno, son cosas que suceden. Entonces todo mundo va recibiendo su tajada y todo mundo se va a ir quedando callado, porque me conviene.

La licenciada Claudia justificaba la corrupción policial con los sueldos bajos de los policías capitalinos. Para finales de 2019 el entonces secretario de Seguridad y Protección Ciudadana federal, Alfonso Durazo Montaño, dio a conocer que el sueldo promedio de un policía operativo de la Ciudad de México rondaba los 9 891 pesos mensuales. Sólo cuatro lugares arriba de los policías peor pagados en todo el país. Tlaxcala pagaba sueldos mensuales de 9 445 pesos; Baja California Sur, 9 250; Oaxaca, 8 598, y Tabasco, con los policías peores pagados en México, ocupaba el último lugar con ingresos de apenas 6 331 pesos al mes. Para la licenciada Claudia esa precariedad laboral era razón automática para que los servidores públicos encargados de procurar y ejercer justicia terminaran de arruinarle la vida a otro mexicano víctima de la delincuencia de cualquier nivel. Al mismo tiempo, dejaba en claro que el escalón más bajo en la escalera de corrupción judicial en la Ciudad de México son los policías de la hoy Secretaría de Seguridad Ciudadana (ssc).

—En esa escalera de tajadas donde todo mundo va recibiendo, va desde abajo con el policía que usted acaba de ejemplificar, pero ¿hasta dónde?

—Hasta el exjefe de Gobierno, por supuesto. [Miguel Ángel] Mancera estuvo enterado de todo esto.

—¿Por qué lo dice con tanta vehemencia?

—Pues porque yo he tenido oportunidad de hablar con los jefes y ellos [me] lo han comentado. Si un fiscal, que es de los mandos medios, es el responsable de la gente que integramos las carpetas de investigación, está recibiendo dinero directamente del jefe de un sector, ¿a quién crees que le va a entregar cuentas el fiscal? Pues al subprocurador, y el subprocurador, al procurador. Por ejemplo: ¿qué va a pasar si yo rindo cuentas y el día de hoy asaltaron a cinco personas, dos violencias familiares? Ése es mi reporte de mi rol de guardia del día de hoy. Pero hay un vehículo reportado [como robado]. Son delitos de alto impacto. Robos de vehículo con violencia, robo a negocio, a transeúnte con violencia. De repente surge algo más y no lo reportas. ¿Y tú por qué no lo reportaste? Bueno, ahí viene el "sabes qué, échame la mano, ¿no? O sea, no reportes eso a tus jefes. Déjamelo en que hubo siete delitos, no ocho". "Pero ¿cómo le voy a reportar ésos a mis jefes? Bueno, pues te doy tu tajada." Eso es lo que se hace. Por eso últimamente ha habido notas periodísticas de que la gente va al Ministerio Público y los policías dicen "vente para acá" y te dicen: "Mira, no denuncies", esto y el otro. A la gente la invitan a que no denuncie, y hay gente que se deja engañar. ¿Qué pasa con esto? Pues no son los números reales los que están pasando, sino otros. Como fiscal, eso a mí me conviene, porque la fiscalía de la que yo estoy a cargo está dando resultados.

—¿Dentro del sistema de justicia la corrupción está promovida por las mismas autoridades y es una prioridad el mostrar cifras positivas o al menos no tan escandalosas?

—Muchos de los homicidios que hay de esa índole [dolosos] no son dados a conocer, por lo mismo. Porque el gobierno de la Ciudad de México no quiere que te enteres de que hay un problema muy latente del narco aquí y que va creciendo.

—Usted afirma que el problema de violencia narcotraficante en la Ciudad de México está creciendo. El hecho de que existan detenciones de cabecillas de la delincuencia organizada, ¿eso no significa nada?

—Hace como tres semanas, el que mataron en el desnivel de Insurgentes es la Pulga. A la semana los descuartizados del equipo contrario. El caso es que a la semana aparecieron más asesinados del equipo contrario. Y éstos, a su vez, mataron a otro, pero ése ya no se supo. No sé si se inició carpeta o no, pero también…

—Pero si fue un delito, ¿por qué no se pudo haber iniciado una carpeta?

—Seguro que se inició, pero vamos, lo hacen pasar como un homicidio simple para no hacer escándalo y que la gente no se entere de que sí hay relación entre uno y otro homicidio. [De] muchos de los homicidios la gente se entera por los medios, pero hay otros tantos [de los] que no se enteran.

—¿Por qué no se enteran los medios? ¿Por qué de unos sí nos podemos enterar los reporteros y de otros no?

—Porque es tan hermético el asunto para que no haya fuga de información. Ésa también es una situación, de que a veces hay permisión y hay otras que no, porque como autoridad ya no me conviene que haya más información sobre estos casos. De hecho en algún momento se prohibió totalmente que personal [de la PGJCDMX] entrara a los anfiteatros porque había fuga de información. A veces se cuidan mucho esos detalles para que no se enteren de cómo suceden los hechos. Hubo un homicidio, sí, ¿cómo lo mataron? Ah, no sé, no sé.

—¿Puede darme un ejemplo?

—Hace unos días nos avisaron que habían dejado un cuerpo entre un montón de basura en Jesús Carranza, en Tepito. Un joven de unos 30 años, entonces lo dejan en un montón de basura. Según la familia del occiso, este joven el domingo estaba en la Gustavo A. Madero, va con su esposa a comprar unos plátanos fritos, iba en su camioneta, muy ostentosa, no recuerdo la marca, y llega otra camioneta y un taxi, uno por delante y uno por detrás. Se bajaron seis sujetos, entre ellos una mujer, los bajan de su camioneta, los suben a la camioneta de los asesinos, la mujer se sube a la camioneta del occiso y se van los tres vehículos. Como ellos vivían a la vuelta de donde los secuestraron, les avisan a los familiares: "Se acaban de llevar a tu hijo y a su esposa". Llaman a la policía, tocan el botón rojo, les dan el seguimiento y de repente se pierde la señal. Entonces van, hacen la denuncia por el secuestro, pero uno de los familiares, casualmente, es amigo de los de la Contra Unión (Fuerza Anti Unión), de ahí, ya cuando te dicen eso, es obvio que tienen relación con el narco.

—Pero eso es asumir sin investigar.

—No. El narco no se equivoca. No nos engañemos.

—No. ¿Sí me entiende la pregunta? Entiendo la lógica, pero asumirlo como tal sin que haya una investigación seria, un debido proceso. Si ya se abrió una carpeta de investigación, precisamente se hace una investigación para saber si en realidad esta persona tenía vínculos con el narco. ¿La justicia en la Ciudad de México se está guiando por suposiciones?

—No creo. Se está dando la investigación en base [sic] a la carpeta que se inicia con un sujeto que detienen en la FAS [Fiscalía Especial de Investigación para Secuestros]. A nosotros nos piden la [carpeta de investigación] del homicidio porque evidentemente está relacionado, ¿no?, y también recaban la que se inició en Venustiano Carranza por la disposición del vehículo. Porque la camioneta del occiso fue encontrada. Entonces, ¿qué te indica eso? Que todos esos puntos están relacionados con uno solo, tan es así que se está trabajando actualmente en la FAS y no en homicidios, porque no es un homicidio común.

—¿Por qué no fue un homicidio común?

—Pues porque le dieron 27 puñaladas, 17 de ellas en el rostro. Quemaduras en genitales, en pezones; golpes en todo el cuerpo. Bueno, la saña… Es una muerte que tiene que ver con el narco, ésa es la característica principal, porque lo están torturando. En el peritaje determinaron que gran parte de las lesiones fue estando vivo [*sic*]. Lo estaban torturando con una finalidad. También, sabemos que cuando matan a una persona con el tiro de gracia, pues también tenía algo que ver, como mataron a la mujer.

Por poco más de una hora las respuestas de la licenciada Claudia retrataron la corrupción y la precariedad que padece el sistema judicial mexicano, así como la impunidad que gozan algunos secuestradores, homicidas y feminicidas pertenecientes a bandas criminales. Su testimonio acabó cargado de pesadumbre, con el absoluto convencimiento de no tener esperanza alguna en un cambio próximo en la crisis de inseguridad y corrupción en la Ciudad de México. Incluso, la licenciada Claudia había sido víctima de acoso sexual y laboral por parte de un encargado de agencia del Ministerio Público, a quien rechazó una invitación a cenar. Nunca lo denunció. Decía que de hacerlo nada pasaría y sólo se arriesgaría a perder el empleo.

Claudia estaba convencida de que la situación de inseguridad en la capital del país no mejoraría hasta que se removiera la densa capa de corrupción en todos los niveles del sistema de justicia; un pantano donde conviven delincuentes, autoridades ministeriales, abogados defensores y policías de todo tipo, donde lo único que importa es el dinero y la capacidad corruptora que permite pagar para evadir las consecuencias legales de cualquier delito.

Sin embargo, la explicación de la licenciada Claudia sobre dónde y bajo qué contexto se comienzan a alterar las cifras que llevan el registro de los delitos de alto impacto en la Ciudad de México sería ampliada y comprobada un año después con la entrada de la nueva administración. A mediados de julio de 2019 exfuncionarios que trabajaron durante el gobierno de Miguel Ángel

Mancera y José Ramón Amieva (2012-2018) fueron acusados de alterar las cifras de los delitos de alto impacto en la Ciudad de México. El exprocurador capitalino Edmundo Garrido y el exdirector de Estadística Criminal de la PGJCDMX César Martínez Jasso comenzaron a ser investigados, junto con otros 105 servidores públicos pertenecientes a la Dirección General de Política y Estadística Criminal, por su probable responsabilidad en la alteración deliberada de las cifras de los delitos de alto impacto durante el año electoral 2018.[25] El SESNSP y la Oficina de Naciones Unidas contra la Droga y el Delito (UNDOC, por sus siglas en inglés) realizaron una auditoría y comprobaron que 24 000 delitos de alto impacto habían sido "maquillados". Tanto el Secretariado Ejecutivo como la ONU revisaron 240 000 expedientes y lograron corregir las cifras y reclasificar los delitos. De esta forma se confirmó un incremento de 73.9% en los delitos de alto impacto en 2018.[26]

La auditoría concluyó que ese año en la Ciudad de México ocurrieron 1 410 homicidios dolosos,[27] y que el robo a negocio con violencia se había alterado 51.3%, mientras que las cifras de violaciones sexuales fueron escondidas hasta 104%[28] y se ocultaron 3 000 robos a transeúntes. Pero no sólo la Ciudad de México padece de la alteración deliberada de cifras que ocultan la realidad criminal. A mediados de diciembre de 2019 el SESNSP y la UNDOC

---

[25] David Fuentes y Eduardo Hernández, "Investigan a 106 por alterar datos en criminalidad", *El Universal*, 2019. Consultado el 9 de febrero de 2021 en https://www.eluniversal.com.mx/metropoli/cdmx/investiga-pgj-106-del-gobierno-de-mancera-por-maquillar-cifras.

[26] *Ibidem.*

[27] Secretariado Ejecutivo del Sistema Nacional de Seguridad Pública, Incidencia Delictiva del Fuero Común 2018, 20 de diciembre de 2020. Instrumento para el Registro, Clasificación y Reporte de Delitos y las Víctimas, 38, 68, Incidencia Delictiva del Fuero Común 2018, 10 de febrero de 2021.

[28] *Ibidem.*

confirmaron que los datos de incidencia delictiva aportados por las fiscalías de todo el país también contenían graves fallas, como el ocultamiento y reclasificación deliberada de delitos como feminicidio o extorsión.[29]

Después de meses de investigación, los primeros resultados descubiertos por el SESNSP y la UNDOC, así como sus recomendaciones, se harían públicos entre el 16 y el 20 de diciembre,[30] pero durante la XLV Sesión Ordinaria del Consejo Nacional de Seguridad Pública realizada el 19 de diciembre, la entrega fue postergada para principios de 2020 debido a la resistencia de los gobernadores y sus fiscales, quienes pedían revisar los resultados antes de hacerlos públicos. Sin embargo, en mayo de 2020 los resultados seguían sin darse a conocer. Fue hasta julio que el portal periodístico *Animal Político* confirmó que los resultados de la investigación bautizada como Modelo de Revisión Estadística de Incidencia Delictiva Nacional (MORE) fueron reservados por los siguientes tres años,[31] con el argumento de que el contenido de la investigación "podría comprometer a la seguridad pública", como si ésta no estuviera ya de por sí comprometida con los más de 3 900 homicidios dolosos en la Ciudad de México ocurridos en los pasados tres años (1 366 en 2018, 1 396 en 2019 y 1 128 en 2020). El estado de Morelos, gobernado por el exfutbolista Cuauhtémoc Blan-

---

[29] Arturo Ángel, "Fiscalías de los estados manipulan datos sobre delitos y fallan en su registro", *Animal Político*, 2019. Consultado el 9 de febrero de 2020 en https://www.animalpolitico.com/2019/12/fallas-registro-delitos-manipulacion-crimen/.

[30] *Ibidem.*

[31] Arturo Ángel, "Gobierno oculta informe que revela manipulación a cifras delictivas", *Animal Político*, 2020. Consultado el 10 de febrero de 2021 en https://www.animalpolitico.com/2020/07/gobierno-clasifica-informacion-que-revela-la-manipulacion-de-cifras-delictivas/.

co Bravo, encabeza la lista de los estados más inefectivos para ejercer justicia, "con una impunidad prácticamente del 100%", seguido por Oaxaca (99.4%), Guerrero (98.8%), Chiapas (98.4%) y Tabasco (97.2%).[32]

Según la organización no gubernamental Human Rights Watch (HRW) en su informe sobre México 2020,[33] las víctimas de delitos violentos y violaciones de sus derechos humanos en el país no obtienen justicia por motivos que incluyen corrupción, falta de capacitación y de recursos suficientes, así como "la complicidad entre agentes del Ministerio Público y defensores de oficio con delincuentes y funcionarios abusivos". Por su parte, la organización civil Impunidad Cero estimó que durante 2018 la impunidad en los homicidios dolosos fue de 89%,[34] lo que significó que solamente uno de cada 10 de estos crímenes llegó a esclarecerse. En 2019 —el año más violento en la historia de México— la inefectividad judicial llegó hasta 89.6 por ciento.[35]

Para la licenciada Claudia, los principales generadores de inseguridad y violencia en la Ciudad de México eran las organizaciones criminales Unión Tepito y Fuerza Anti Unión, y lo que las perpetúa a éstas y a otros grupos de la delincuencia organizada es la impunidad y la corrupción enquistada en todo el aparato procurador de justicia.

---

[32] Guillermo Saúl Zepeda Lecuona y Paola Guadalupe Jiménez Rodríguez, "Impunidad en homicidio doloso y feminicidio: Reporte 2020", Impunidad Cero, 2021. Consultado el 11 de febrero de 2021 en https://www.impunidadcero.org/uploads/app/articulo/142/contenido/1605024010E66.pdf.

[33] Human Rights Watch, "México eventos 2020", 2021. Consultado el 11 de febrero de 2021 en https://www.hrw.org/es/world-report/2021/country-chapters/377395#2c964d.

[34] Zepeda Lecuona y Jiménez Rodríguez, *op. cit.*

[35] *Ibidem.*

MARTES 10 DE JULIO DE 2018
(12 MESES ANTES DEL ATAQUE EN PLAZA ARTZ)

Un mes y medio después de que el Mawicho recibiera la propuesta de irse con la organización criminal CJNG a Puerto Vallarta, volví a verlo en la misma esquina de calzada Vallejo y avenida Cuitláhuac. Habían pasado nueve días del triunfo electoral de Andrés Manuel López Obrador y las ejecuciones entre grupos criminales continuaban en la Zona Metropolitana del Valle de México. Horas antes de encontrarme con el Mawicho en la alcaldía Azcapotzalco, en la colonia Renacimiento de Aragón, del municipio mexiquense de Ecatepec, personas a bordo de una camioneta lanzaron sobre la calle Valle de Omar cuatro piernas, cuatro brazos y dos torsos de un hombre y una mujer envueltos en cobijas.

Pocas horas después, a 4.3 kilómetros de esa escena del crimen, otra más se gestaba en la colonia Valle de Aragón, en el colindante municipio de Nezahualcóyotl. Los cuerpos de cinco hombres y una mujer fueron encontrados por vecinos de la calle Bosques de Libia dentro de un vehículo Versa color negro. Todos habían sido ejecutados, según declaró el director de Seguridad Ciudadana de Nezahualcóyotl, José Jorge Amador. "Tenemos registrado por cámaras de C4 de nuestro municipio que el vehículo entró procedente de la Ciudad de México a las cero horas con 19 minutos." Tan sólo tres minutos tardó un hombre en estacionar el Versa negro cargado de muertos para luego subirse a otro auto blanco donde sus cómplices lo esperaban. Después huyeron hacia Ecatepec. El polvo acumulado en la puerta del Versa negro sirvió de pizarrón para dejar un mensaje. En su superficie se leían perfectamente las palabras "Anti Unión".

ME DICEN LA MAWICHA

El Mawicho se subió de un brinco al Mazda por el claxon impaciente de un conductor de transporte público con pasajeros colgando de su puerta trasera. Me pidió avanzar sobre avenida Cuitláhuac y poco después nos desviamos en una bifurcación. Nos detuvimos en una cuadra amplia, con árboles frondosos plantados a la orilla de la acera. Asumí que había reflexionado sus intenciones respecto a unirse al grupo criminal CJNG. Después de todo, el Mawicho seguía en la Ciudad de México vendiendo droga en otra vecindad de la calle Jesús Carranza en Tepito, cuidaba su bajo perfil y planeaba robos cada vez de mayor calado con algunos criminales presos en el Reclusorio Oriente a quienes conoció en su paso por ese penal en 2015. Con ellos organizó algunos atracos a tiendas Elektra, Coppel, Aurrerá y alguna sucursal de AT&T en el centro comercial Mundo E. Ahora lo invitaban a robar una empresa de transporte de valores.

Poco a poco, la frialdad del Mawicho al ejecutar los robos, desarmar guardias e imponer terror a sus víctimas le fue dando fama entre la delincuencia de alto impacto que poco sabía de él y que lo conocía por distintos apodos. "Me conocen todos por Manduchis, pero tengo diferentes. Me dicen la Mawicha, Mawicho, pero los del robo no saben que me dicen la Mawicha. Se quedan con Manduchis y está bien." Irónicamente, quienes se dedicaban al robo no sólo eran convictos hospedados en alguno de los 11 reclusorios varoniles en la Ciudad de México. También podían portar placa, arma de cargo, uniforme y conducir una patrulla. Como los policías del Estado de México, con quienes robó una tienda Bodega Aurrerá ubicada en el municipio de Zumpango en octubre de 2017. "En los robos de los Aurrerá, los primeros robos, al chile todos robándose los de a 500 y acá. Ya [que] llego al último y veo

66

que un tóper no lo pelan. Se cae el tóper y veo billetes de a 500 y de a 200. Que lo agarro y que me lo meto y ¡fum! En eso [veo] el carro del Aurrerá, esos de madera donde guardan también dinero, lo subimos a la camioneta de los municipales, [a] la patrulla. Íbamos en la patrulla, nos iba llevando hasta un baldío. Ahorita le enseño el video."

Con el orgullo por delante y como prueba de sus dichos, el Mawicho sacó su celular y buscó en YouTube un video donde cinco ladrones —uno de ellos el Mawicho— en 2 minutos 23 segundos someten a un guardia de seguridad, clientes y cajeros, y sacan bolsas de dinero que acomodan en un carro de supermercado para después salir de la tienda.[36] Lo que el ángulo de la cámara de seguridad no alcanza a registrar es la huida de los ladrones a bordo de la patrulla que ya los esperaba. Los policías municipales conocen la zona a la perfección. En ese atraco los uniformados estuvieron alertas de las frecuencias de radio en caso de cualquier activación policial derivada del robo. Saben los flujos de gente, los movimientos y horas más adecuadas para realizar el golpe.

Los policías, según el Mawicho, arman grupos de ladrones jóvenes que la mayoría de las veces no se conocen entre sí y son los ojos y oídos de los ladrones que entran con pistola en mano. "Ellos se mochan —decía Mawicho—. Se llevaban que sus 15, que sus 20 y por semana eran tiros de 20, 25, 50 000 pesos. Había veces que tu semana ya te salía de 80 000." Pero los policías también podían verles la cara a los jóvenes ladrones que entraban a aterrorizar a clientes y empleados. Después de todo, tenían las de perder. "Según todos, a mitades, 'pero pus… es que ire' [sic], en este mundo si no eres más habilidoso… que digas, yo no me voy a hacer más

[36] Asalto a Bodega Aurrerá – Ladrones amagan al elemento de seguridad: https://youtu.be/zVoBsGgjS9M.

mugroso, no me voy a dar a conocer. No. ¡La verga! Yo sí me voy a dar a conocer porque yo soy el que me meto y sé que al final de cuentas que [sic] los policías que me están mandando al tiro y me ponen las cosas no me van a dar nada, al chile. Porque así son esos güeyes. Son güeyes que también han robado. Son güeyes que tienen los conectes. Te calientan. Te la plantean bien bonita: 'Vamos a hacer el equipo. Nosotros somos uno mismo. Aquí no hay mamadas', y al final de cuentas, no hay nada."

Con lo obtenido en aquel robo, el Mawicho compró ropa para su familia y cosas en un centro comercial. "A mí me gusta, al chile… Nos gusta vivir bien, carnal. Por eso lo hago. Al chile a veces no traigo ni un peso. Antes de que naciera mi hija empecé bien. Dos meses atrás me empezaron a llegar los robos."

Hasta esa noche la carrera delictiva del Mawicho contaba ya con al menos 30 robos a tiendas donde él era la voz que tronaba más fuerte, la más intimidante; con el gesto cada vez más arredrado y más criminal. "Todos los Famsas que robaba, Aurrerá, Coppel, todas esas mamadas… Haga de cuenta que para robar yo era el que paraba de culo. Yo, yo, yo. Porque siento [sic] más fácil parando de culo. Me pongo más nervioso jalando las cosas y qué tal si ando jalando algo que no y me apendejo y digo, ay no, no, no. Yo prefiero agarrar, ¡crac! ¡crac! ¡Cámara, hijos de su puta madre, relájense! Antes de diciembre, en total de todos mis robos me hice 400 000 pesos. De 20, 25, 15, 10. Yo salí de la cárcel y me empezó a ir bien. Me salieron estos [robos a tiendas] y me volví loco, pero no en una mala manera. Yo no vivía aquí. Yo vivía en otro departamento, era más chico. No tenía ni colchón, tenía un colchoncito chiquito. He ido creciendo. Tengo mi casa, no es mía, ¿no? Pago mi renta. Vivo bien, tengo mis cosas, no nos falta nada."

En su idea torcida de superación personal y en su ambición por fama, reconocimiento y dinero, el Mawicho podía pasarle por encima a cualquiera. Sin el menor remordimiento podía dejar una estela de personas robadas y traumatizadas tras escucharlo gritar órdenes a punta de pistola. Esa violencia se contenía en cada plática que sostuve con él y no dejaba de asomarse en cada centímetro de su persona; en su mirada, en su sonrisa, en la forma de echar la cabeza hacia atrás y sacar la quijada. Ese resquicio criminal podía hacerse siniestro cuando con voz susurrante justificaba su vida delictiva con la idea de sacar adelante a su familia. El Mawicho se sentía como un hombre proveedor capaz de garantizarles techo, comida, ropa, salidas al centro comercial y regalos. Cosas y actividades fundamentales en su vida adulta de las que careció cuando era niño y que hoy, como delincuente, lo hacían sentirse orgulloso por poderlas ofrecer a costa de lo que fuera.

"Si yo fuera un culero egoísta, a la verga. No le doy a nadie y hasta ya tuviera ya desde cuándo un carro, un algo. Pero pues no. Todo es pa la familia, para que el día de mañana me vaya mejor. Por eso hoy siento que sigo vivo, ¿no? Mi vida, desde que empecé a robar, cambió radicalmente. Yo qué iba a saber que en estos momentos iba a tener una hija y pus iba a echarle huevos, y ¿por qué le echo huevos? Porque mi papá nunca le echa huevos por mí. Dije, yo no voy a ser como él. O sea, sí, soy mujeriego y todo, pero nunca dejo de darle de comer a mi familia y siempre ellos, ¿me entiende? Ellos, ellos, ellos y ya. La neta cuando sobra sí, ya me doy gusto. Porque digo pus chingue su madre y me vale verga. Al chile creo en el diablo, creo en Dios, creo en todo, pero respeto. Sé cuándo me llega eso malo, ¿me entiende? A final de cuentas me siento como que neutral. Hago mal, pero hago bien. Ta chido. Namás que me da miedo. Tengo 22 años y yo me siento feliz porque varios chamacos ven por ellos mismos, no ven por la mamá o varias cosas."

Pese a sus "miedos", el Mawicho llevaba siete años siendo un ladrón que balanceaba su codicia con el peso de la familia a la cual según él cuidaba y de la que era responsable. Tenía como premisa el no repetir las fallas de su padre, quien actualmente trabaja como enfermero en una clínica del Instituto Mexicano del Seguro Social (IMSS) y que en varias ocasiones, de acuerdo con el Mawicho, abandonó a su familia por problemas de alcoholismo. Tenía que ser mejor que él y que otro chico con el que su papá llegó a compararlo. "Fue tanto el enojo con mi papá por un chavo que está en la cárcel, que es un tiro. Me dice: 'Es que el Fifí es así, el hijo del Rata, y es la verga'. Yo quisiera que él hubiera hablado así de mí, ¿me entiende? Y un día yo enojado le dije a mi papá: 'Al chile yo un día voy a ser más verga que tú y que ese morro, vas a ver'. Pero pus tenía 15, 14 años."

A los 15 años el Mawicho dejó de lavar coches con su padre y su abuelo y cometió su primer atraco en las calles de la colonia Santa María la Ribera en la alcaldía Cuauhtémoc. Lo hizo coludido con otros dos adolescentes, uno de ellos, otro chico de su edad proveniente del barrio de Tepito. Ése fue el comienzo de su carrera criminal. "Al chile en mi primer robo coroné 5 000 pesos para mí solo. Mi primer robo, a los 15 años. ¡Me puse feliz con esos 5 000 pesos! Robamos a un güey de Santa María la Ribera, altote, trajeado. Nada más por la esclava y los dos anillos 15 000 varos nos dieron. Pero como éramos tres nos tocó de a cinco."

Después de ese primer robo el Mawicho y su cómplice tepiteño se hicieron amigos y continuaron robando. Fue ese chico quien le ayudó a olvidarse de su colonia de origen en Azcapotzalco, la Victoria de las Democracias, las Demos, como le dicen los locales y en donde nunca pudo encajar. "Todos conocían a mi papá porque se rifaba un tiro. Por eso no me hacía nadie nada. Pero decían que [yo] era puto, pendejo. Acá, mamada y media, y llegó un momento que yo buscaba amigos y no encontraba esa amistad, ¿me entiende? Todo era traición, todo. Conveniencias. Y ya, hasta que poco a poco me abrí de ahí." Su amigo de Tepito lo llevó a la vecindad en el 21 de Jesús Carranza, ese pedazo de infierno con fachada de ladrillo y tres balcones con puertas de madera desvencijadas que nunca se abren. Una vecindad que desde siempre ha estado plagada de vendedores de droga y traficantes de armas de todo tipo. "Yo mismo entré a esa vecindad bien chamaco —aseguraba orgulloso—. Pedí la chamba. Me encanta estar allá. Siempre quise estar allá y tener algo mío."

En Tepito, el Mawicho poco a poco se fue haciendo de un nombre. Era entrón a la hora de cerrar los puños como lo era su papá. Tampoco le temblaba la mano para tomar una pistola y resolver sus diferencias con algún ayudante adolescente de otra tienda de droga que, como él, luchaba por ser reconocido como un tepiteño bravo capaz de agarrarse a balazos. "Haga de cuenta que mi pedo es que yo quiero ser a veces… Que me vean como el chingón, la neta, le soy sincero, ¿no? Quisiera todo eso… La fama, ¿me entiende? Es que allá en Tepito… Imagínese, no soy de allá y me respetan. Es que allá es algo bien chido."

El Mawicho se abrazó desde los 15 años a la vida criminal de la colonia Morelos impulsado por la mala relación con su padre y por el rechazo de otros adolescentes vecinos de su propia colonia. Pero lo que en realidad deseaba con fervor era convertirse en un criminal reconocido y envidiado. Un delincuente capaz de llevar una vida delictiva acaudalada que causara resquemor en otros jóvenes como él y que al mismo tiempo fuera atractivo para algunas muchachas de Tepito y Azcapotzalco, chicas que consideran exitosos a los delincuentes vestidos con ropa de moda, automóviles y celulares de última generación.

"Siempre se me han cumplido los sueños. Siempre quise ser ratero y se me hizo. Quería vender vicio y se me hizo también. Porque yo veo el dinero. Yo veo que hay dinero de por medio. Yo soy de esas personas que quién sabe qué tengo por el dinero." La ambición desmedida del Mawicho lo llevaría a seguir robando. No discriminaba. Sus víctimas podían ser hombres, mujeres o jóvenes como él. Finalmente cayó preso por primera vez en 2015 y fue vinculado a proceso por el delito de robo agravado, delito que en la Ciudad de México tiene una pena de dos a cuatro años de prisión.

Por ser primodelincuente, el Mawicho pasó únicamente nueve meses en el Reclusorio Preventivo Varonil Oriente, administrado por la Subsecretaría de Sistema Penitenciario de la Ciudad de México, el cual, desde su construcción en marzo de 1976, ha sido abandonado por todas las administraciones locales y federales, que hasta el día de hoy han permitido que se convierta en una universidad criminal. En el Reclusorio Oriente la corrupción se desborda junto con los más de 8 500 presos que en 2019 la Comisión Nacional de los Derechos Humanos había registrado en su Diagnóstico Nacional de Supervisión Penitenciaria. Esos 8 500 seres humanos viven hacinados en una estructura en forma de peine con una capacidad para resguardar a 5 604 personas, según la información de la propia Subsecretaría de Sistema Penitenciario.

En el Reclusorio Oriente el Mawicho vivió en carne propia la violencia y los castigos impuestos por otros reos. Peleó al menos una vez con un interno de Iztapalapa que lo devoraba al ver y sentir su miedo. Tuvo que tragárselo y enfrentarlo. Fue testigo de todo tipo de extorsiones, del tráfico de drogas y de las violaciones a los derechos humanos como una parte normalizada en el castigo penal que algunos internos viven diariamente en las cárceles mexicanas. Pero lo más importante en sus ocho meses en prisión fue haber conocido la verdadera delincuencia organizada que lo conectaría con policías delincuentes y con ladrones de otro nivel. Criminales con los que organizó robos a las tiendas Coppel, Bodega Aurrerá,

Elektra y con la capacidad de planear un asalto a un banco o una camioneta de transporte de valores.

En nueve meses de reclusión el Mawicho jamás habló con un psicólogo ni con un trabajador social. No formó parte de ningún taller ni de ninguna actividad académica ofrecidas en el reclusorio y mucho menos fue sometido a algún programa que ayudara en su transición de ser un preso por robo agravado a una persona capaz de reinsertarse en la sociedad. Por el contrario, el Mawicho encontró en el Reclusorio Oriente la institución que definió su vida criminal. "En la cárcel fueron castigos. En la cárcel todo, ¿me entiende? Ahí es donde yo aprendí. No sabía nada. Era un chamaco de 18 años. Entré a los 18 y salí a los 19. Nada más estuve nueve meses."

Sin embargo, esos días de encierro no sólo fueron un seminario delictivo, también le sirvieron para reflexionar en sus robos pasados, en sus víctimas. "Quería estar robando, pero a gente buena. Así empecé. A veces mujeres... de ahí me arrepentí. Ahí en la cárcel pagué lo que tenía que pagar: mi egoísmo y toda la pasadez de verga que hice por ser egoísta, ¿no? De ahí entendí que... Yo, cuando estaba en la cárcel, decía: 'A ver, por qué estoy aquí. La verga. La cagué. Ahora la limpio y me pongo verga para que cuando salga no me agarren. Que no me agarren y me pongo más verga. Ya sé cómo le voy a hacer', y eso es así hasta la fecha." El Mawicho estaba emocionado y convencido de que su próximo robo sería el más grande y sería el último. Habían pasado cuatro años de su encierro en el Reclusorio Oriente, y en Tepito su ciclo se cerraba. Por eso me había hecho un recuento de sus atracos más destacados. La venta de droga en las vecindades de Jesús Carranza y Tenochtitlán estaba más amenazada por la violencia y los asesinatos entre la Unión Tepito y la Fuerza Anti Unión. También por el refuerzo de policías ordenado por las autoridades de la Ciudad de México.

El próximo robo sería peligroso, pero según él, lo valía. "Yo sé que al chile es algo muy arriesgado, se podría decir. Pero si la corono y acá, me voy al éxito, al chile. Ora sí ya no voy a desperdiciar mi dinero. Quiero poner un puesto de comida, para que el día de mañana, ya que no haya venta de droga… Porque ya también se metieron a Tepito y pusieron sellos de expropiación en un operativo culero hace cuatro o cinco días. Ya querían expropiar. Estuvieron Policía de Investigación cuatro o cinco días completos. No trabajábamos y acá. Pero digo al chile, primeramente Dios se acaba todo, pus ya, de mínimo tendré algo, ¿no? Aunque sea un puesto de lo que pueda yo subsistir y ya no estar de que vámonos a estar robando. Yo sé que si me llevo ésta… No a cualquiera le llega esta oportunidad, ¿me entiende?"

Pero no le entendía. Hasta que sus palabras me dejaron comprender que lo habían invitado a dar un golpe grande. Nada de tiendas populares ni de celulares. "El pedo es de al chile sabes qué, yo te marco. Ven, jálate. Tú vas a robar, porque pa pronto, yo tengo que llegar con la hoja como llegan esos güeyes: Mi nombre es Juan Ortega González, soy el 401-01, ruta 2201. Me aprendí la firma del güey ese. Al chile."

El Mawicho y otros delincuentes desde dentro de un reclusorio, del cual no dio más detalles, planeaban robar dinero de una empresa de transporte de valores haciéndose pasar por custodios. Los mismos compañeros del incauto Juan Ortega González estaban coludidos. "Sus compañeros, no mames, están conmigo, namás que… ¡Pum! ¡A la verga! Ya con eso, al chile, pus sí quiero un carrito. Quiero… Al chile no siento que haya imposibles, nada más que, pus ya… Si éste es mi momento, pus es con todo, al chile. Voy con fe. Voy con mucha fe. Al chile. Un valedor que… bueno, yo no creo en la santería, pero la respeto, ¿no? Fuimos [con un santero] y en su consulta de él [*sic*], dice que preguntó por mí, que cómo me iba a ir en mi *bisne*, o sea, no dijo qué, ¿no? Namás que pus con fe, ¿no? Y que le echara ganas, pero pus sí, todo positivo, y así estoy, al chile."

Una semana antes el Mawicho y su banda de ladrones ya habían intentado robar un banco disfrazándose de custodios de valores, pero resultó fallido, rayando en lo cómico. Habían intentado engañar a un empleado bancario de una sucursal en Ciudad Nezahualcóyotl.

Con ayuda de los custodios coludidos consiguieron uniformes, identificaciones y estaban armados. "Los uniformes son igualitos a los de ellos. Me dan hasta el gafete del güey este [Juan Ortega González] con el sello de que soy custodio. O sea, todo bien. El único que lo sabe, pus es uno. De ahí en fuera todos... ya entramos al banco allá por Nezahualcóyotl. Puta, ya voy entrando y todo y primero de lo nervioso que estaba, me meto luego luego y me dice uno de seguridad: '¿Vas al banco?', y le digo: 'Sí'. 'Es que es atrás.' Le digo: 'Discúlpeme', porque entré a la tesorería de lo nervioso que estaba. Ya cuando me meto, toco: ta ta ta ta, se asoman y me dicen: 'Espere un momento', y ya, se asoma el del banco y me dice: 'No hay recolección'. Me empecé a poner nervioso y dije ¿por qué no va a haber? ¿Ya supo? Es lo que pensé. El empleado actuaba normal. Pero pus, yo por dentro... Era mi primera vez, ¿me entiende? Eso fue el viernes. '¿Cómo que no hay recolección? A mí me mandaron. ¿Cómo crees?' 'Sí. Pero es que no hay recolección. ¿Me puedes dar tu comprobante para sellarlo, firmarlo y que te vayas?' Y que me empiezo a poner nervioso y dije puta madre, ¡y ora qué comprobante! Pus si a mí no me dijeron nada. ¿Cuál comprobante? Y le digo al Güero: 'Vamos por él a la camioneta'. '¡Vámonos, vámonos!', dice el Güero, otro chavo que iba conmigo, otro chavo igual de mi edad, más o menos. No le hablaron a la policía. No pasó nada. Pero ya vieron todos cómo trabajamos y me dicen: 'Primeramente Dios'. Porque haga de cuenta que eso fue en un banco. La otra es en una ferretería en el centro, venden a lo mamón. Los de Seguritec van por cuentas de un millón en adelante."

Sin embargo, el gran robo planeado por el Mawicho y su banda jamás pudo realizarse. Tras el intento fracasado fue capturado en varias ocasiones por la policía sin que en ninguna de ellas existiera una consecuencia legal mayor que definitivamente lo vinculara a proceso pese a tener antecedentes por robo agravado en 2015. Siempre lograba salirse con la suya al cambiarse el nombre o por medio de sobornos pagados a las autoridades.

Aquella tarde de julio fue la última vez que vi al Mawicho en lo que restó de 2018. Un año después, el jueves 30 de mayo de 2019, volví a verlo. Por fin entraba la llamada a su celular después de meses de intentar contactarlo. Cuando respondió me preguntó si recordaba cómo llegar a la calle donde lo había visto la última vez en la colonia Prohogar. Celebró la coincidencia de mi llamada porque decía que tenía mucho que contar y estaba de paso en la ciudad. Sólo había ido a visitar a su familia por unos días. Tenía ocho meses de no verlos por haberse ido a cumplir el sueño macabro de convertirse en pistolero del Cártel Jalisco Nueva Generación (CJNG) y el grupo criminal le había otorgado unos días de descanso.

El Mawicho llevaba menos de una semana en la Ciudad de México y regresaría a Jalisco en las siguientes 48 horas. De inmediato llamé a un colega y amigo de la Agencia Francesa de Prensa (AFP) para pedirle que monitoreara mi seguridad durante mi encuentro con el Mawicho en la alcaldía Azcapotzalco y me fui en el Mazda con dirección a la colonia Prohogar. Cuando llegué él ya me esperaba sentado en una especie de banca afuera de una casa con un árbol enorme. Cruzó la calle volteando hacia ambos lados y se subió al coche. "¡Me estuvieron agarre y agarre!", soltó el

Mawicho con una sonrisa en seguida de cerrar la puerta y después de saludarme. Vestía un pants gris, tenis blancos y una playera térmica blanca de manga larga. Parecía un poco más robusto desde la última vez que lo había visto. "Qué onda, ¿tiene tiempo? Vamos a Tepito por un toque y mientras le voy platicando."

Salimos de la colonia Prohogar y enfilamos hacia la colonia Morelos. A los pocos minutos de plática comprendí que la mente del Mawicho era una olla exprés con una válvula de escape chirriando y todo ese borbollón de memorias atroces acumulado en casi ocho meses como sicario de una organización criminal estaba a punto de volarle lo que le quedaba de cordura. En cada palabra, en cada frase sobre alguna situación que me narraba parecía encontrar alivio. Llegamos a Tepito y me mostró en su celular videos que le acababan de mandar sus compañeros en Jalisco. En la pantalla apareció la sala de una casa con un enorme ventanal cuadrado al fondo. Una casa como cualquier otra, con una mesa de plástico del lado izquierdo, y del derecho, a contraluz, dos chicos en cuclillas destazaban el cuerpo de un hombre encima de unas bolsas negras de basura. "Ire, para que vea que no es choro. Me lo acaban de mandar." Mawicho salió del carro en la calle Matamoros y regresó a los pocos minutos con 140 pesos de marihuana. En el estómago yo sólo sentí un vacío.

"Me estuvieron agarre y agarre pero no he pisado [el reclusorio] gracias al diablo y a la Santa [Muerte] también. Porque la última vez que me agarraron les pedí a ellos. Ya no la veía venir, y aunque no lo crea, que les oro al diablo y a la Santa Muerte y ese día, en la noche, en las galeras, siento cómo en la madrugada algo me tapa, me cubre mi espalda, así bien caliente, bien caliente y dije: '¡Ah, son ellos!' Y les digo: 'Gracias y ojalá me puedan cumplir'. Y que a los minutos baja mi mamá: '¡Hay otro abogado que dice que si damos 20 000 pesos sales ahorita, en cinco minutos!'

Y ya que me dice mi mamá eso y le digo: 'Pus, al chile, pídele a mi abuelita', y me dice: 'Va', yo tengo tanto y mi abuelita tanto y que salgo a los 10 minutos. Todavía me dice mi esposa: 'Yo pensé que ya no ibas a salir', porque ya traía varios pedos. Ya me habían agarrado varias veces, ya había dado identidades falsas. Todo."

Esa madrugada en un cubículo percudido de algún agente del Ministerio Público se negoció la libertad del Mawicho con un soborno de 20 000 pesos pagado por su familia. Esa misma noche la corrupción en el sistema de justicia mexicano parió en el Mawicho una representación más del diablo en la tierra. Un delincuente desesperado que semanas después de comprar la ley eligió voluntariamente ser parte de las matanzas y desapariciones perpetradas por la organización criminal CJNG. Si anteriormente no había asesinado a nadie, Mauricio Hiram Suárez Álvarez, el Mawicho, regresaba a la Ciudad de México convertido en un pistolero con experiencia en enfrentamientos armados y traumatizado por los asesinatos, los descuartizamientos y la tortura que él mismo ejerció desde el primer día que llegó al rancho del CJNG a las afueras de Puerto Vallarta.

Tras ocho meses dentro del cártel, el Mawicho ladrón y vendedor de droga de Tepito regresaba a su barrio de origen sin restos de alma, deshumanizado y con adiestramiento paramilitar impartido por exguerrilleros colombianos miembros del brazo armado del CJNG. La corrupción del sistema judicial capitalino que lo dejó en libertad aquella madrugada fue determinante en su mutación a homicida y en su ingreso a una organización criminal. En menos de un año de violencia extrema, el CJNG logró que el Mawicho, un delincuente común ahora de 23 años, encontrara sosiego solamente al destazar cuerpos humanos. Toda la violencia que el Mawicho me contó la tarde-noche del jueves 30 y la mañana del viernes 31 de mayo de 2019 le había dejado los ojos hundidos en una sombra permanente.

SEGUNDA PARTE

Así nació el diablo

La primera vez que el Mawicho descuartizó el cuerpo de un ser humano fue a finales de septiembre de 2018. Viajó casi 12 horas en autobús desde la Terminal del Norte en la Ciudad de México hasta la Central Camionera de Puerto Vallarta. Ahí ya lo esperaban pistoleros del Cártel Jalisco Nueva Generación (CJNG). Atrás había dejado a su familia; a su novia, a su hija, y junto a ellas, toda esa serie de eventos que lo condenaban a ser un ladrón sin suerte. Un vendedor de droga atrapado en medio de los operativos de la Secretaría de Seguridad Ciudadana (SSC) y los asesinatos entre la Unión Tepito y la Fuerza Anti Unión. Por eso, desde que el autobús encendió el motor en uno de los sucios andenes de la Central del Norte, el Mawicho prefirió sacudirse la congoja y perderse en sus pensamientos plagados de mitología narcotraficante, y en los 4 000 pesos semanales de sueldo que le pagarían por ponerse a las órdenes del CJNG. Cada kilómetro tragado por el camión de pasajeros lo convencía de que estaba a punto de iniciar el mayor logro en su carrera criminal.

"Iba bien emocionado. Dije ¡a huevo! ¡Ya va a ser otra onda! ¡Otro nivel! Las grandes ligas, dicen, ¿no? Pero pus todo cuesta, ¿no? Quiere uno estar así y no es fácil, ¿me entiende? Porque nada es fácil, pero le hallo. ¿Me entiende? Desde los 15 he estado así." Para el Mawicho convertirse en un mortífero criminal protegido por una infame organización delictiva era un sueño cumplido. "La neta uno quiso andar de culero y pus es lo que ahora es mi pensar: puro pa'delante y puro pa'delante. ¿Si he tropezado? Sí. Sí he tropezado y sigo tropezando, pero me levanto. El no se puede no existe y mis sueños se cumplen y todo se cumple. Tanto quería… como le digo, siempre se me han cumplido los sueños. Le digo, siempre quería ser ratero, se me hizo. Quería vender vicio, se me hizo. Y un día estaba de mamón y dije: 'Si se me presenta la oportunidad de ser sicario también lo hago', ¿me entiende?"

Cuando el Mawicho llegó a la Central Camionera de Puerto Vallarta no había tanta gente, pero sí un calor húmedo y sofocante al que nunca se acostumbraría. Llegó pasada la medianoche, bajó del autobús y de inmediato identificó a los gatilleros con quienes tuvo comunicación desde que entró al estado de Jalisco, luego de que el camión cruzó por Michoacán y Guanajuato. Sus nuevos compañeros de trabajo eran tres jóvenes como él que lo saludaron secamente. Todos abordaron una camioneta que tomó una carretera por poco más de una hora y los sacó de la zona turística de Puerto Vallarta. Su destino era un rancho propiedad del CJNG, una finca de seguridad y exterminio que podría ser uno de tantos ejemplos de la impunidad que vive México actualmente a lo largo y ancho de su territorio. Al llegar al rancho no había guardias visibles armados con rifles AK-47 como en una serie de Netflix, ni traficantes de botas y sombrero. Tampoco había mujeres despampanantes, ni cajas de alcohol de miles de pesos. Cuando el Mawicho cruzó las puertas del rancho tuvo que hacer un esfuerzo por guardar la compostura al toparse de frente con la brutalidad del conflicto que actualmente sostienen los brazos armados de la delincuencia organizada en México. Si como ladrón su sangre ya era fría, esa primera noche terminó de congelarla al comenzar a extirparse los últimos vestigios de humanidad que le quedaban. "Imagínese, cuando llegué había como 20 secuestrados. En una noche nos aventamos como 10 descuartizados. La neta no tenía corazón. Usted sabe que no era así, ¿me entiende? Pero pus es chamba, lo veo como chamba, no lo veo como... Me han vomitado la mierda los mismos muertos, de que ve que se les salen los líquidos por las orejas, y pus ni pedo, es chamba y tengo que hacerlo."

En la primera noche en el rancho, las manos delgadas del Mawicho se forzaron a aprender sin titubeos. Era una prueba de habilidad que les indicaba a los comandantes, hombres de mayor rango dentro del grupo criminal, la voluntad de los recién llegados para matar sin titubeos. Pero el Mawicho llegaba motivado y decidido. Él no era un campesino desnutrido de Chiapas o Guerrero, de los que se enrolan en los grupos armados porque no tienen otra opción para alimentar a su familia y que terminan siendo víctimas de su propia decisión por no ser lo suficientemente salvajes. A diferencia de ellos, el Mawicho venía soñando con ser miembro de una organización criminal desde hacía tiempo y sabía lo que significaba. Por eso sostuvo con firmeza el cuchillo, apretó los dientes y sin emitir un solo sonido siguió vagas instrucciones que le indicaron cómo cercenar la cabeza, los brazos y las piernas del cuerpo de un hombre recién asesinado. En su mente se obligó a no mostrar debilidad ante la carne humana hecha jirones. Tuvo que evitar a toda costa desmayarse cuando se vio en medio de un charco de sangre, rodeado de las extremidades amarillentas recién amputadas y con un brazo flácido y amoratado que se negaba a desprenderse del torso de aquel hombre.

"Se me fueron hasta las fuerzas —me confesó exhalando aire—. Haga de cuenta que esto es lo más difícil de cortar, por este hueso que está aquí." En su explicación, el Mawicho hundió sus dedos medio y anular en mi hombro izquierdo, justo en la coyuntura que lo une con el brazo. Luego detalló: "Cuando metes el cuchillo en el hombro tienes que jalar este brazo, y pus se me habían ido las fuerzas. Ya por más que le jalaba no podía cortarlo. Se gasta toda tu energía, ¿me entiende? Se te acaba". Lo entendí por completo, cada palabra, y sentí el corazón querer salirse por mi garganta. Estaba sentado al lado no solamente de un asesino, sino de un descuartizador, un torturador que tenía unos meses de haberse despojado de toda sensibilidad y empatía por la vida humana.

En el proceso de deshumanización, el Mawicho no podía permitirse ni un solo resquicio que albergara debilidades al cometer asesinatos, torturas y descuartizamientos. Eso se lo había tatuado en el cerebro a mediados de 2018 tras la reunión sostenida con un mando del CJNG en la Ciudad de México, quien le explicó lo que tendría que hacer para desquitar su sueldo de 16 000 pesos mensuales. Por eso el Mawicho no dudó en destazar el cuerpo muerto de esa persona desconocida que le drenó hasta el último gramo de fuerza física. Sabía a lo que iba. Pasó los siguientes días, meses siendo un elemento modelo que hablaba poco y que obedecía sin cuestionamiento alguno. El Mawicho se esforzaba diariamente para ganarse un lugar en el grupo criminal con el mismo tesón con el que una persona busca una promoción en la empresa donde trabaja. Fueron los primeros días donde aprendió a seguir reglas estrictas y órdenes de todo tipo que iban desde hacer pedazos un cadáver hasta vigilar, asesinar y torturar personas secuestradas, muchas de ellas pertenecientes al grupo delincuencial rival, el Cártel Nueva Plaza, una escisión del CJNG que pelea por el control criminal en el norte de Guadalajara y cuyo líder, Carlos Enrique

Sánchez, el Cholo, fue brutalmente torturado y asesinado a mediados de marzo de 2021 en Jalisco.

Durante su adiestramiento, el Mawicho hacía labores de lim-
pieza diaria con disciplina militar. Faltar a las reglas significaba ser
acreedor de castigos que podían llevarlo a una muerte segura. "Me
he vuelto más disciplinado —decía con tono sincero—. Me paro
temprano. Siempre nos tenemos que parar temprano. Siempre
mantener nuestra cama tendida porque te castigan con batazos o
tablazos o guadañazos en el culo a calzón quitado. Ahí, haga de
cuenta que si tú fumas cristal te tocan 10, 15 tablazos. Si tú le pegas
a un compañero, si tú matas a un compañero es delito. No puedes
matarte entre compañeros, no puedes pelear porque somos una
familia, ¿me entiende?" Me quedaba totalmente claro. En medio
de esa carnicería humana con cadáveres vomitando fluidos corpo-
rales por todos los orificios del cuerpo, el Mawicho creyó haber
encontrado "una familia".

Comenzaron a llamarle Moreno o Chilango y cada vez se adap-
taba mejor a la sordidez que habita en cada rincón de ese mundo
feroz que abrazó sin reparos. Un mundo donde viven pistoleros sá-
dicos y psicópatas, como el temido Tartín, un chico jalisciense de 20
años que le enseñó a armar y desarmar el rifle AR-15 y que disfrutaba de sacarse fotografías con los cuerpos que destazaba. "El Tartín
es el más loco —decía con énfasis el Mawicho—. Un chamaquito
loco, de Tequila. ¡Pero bien loquito! Ya está en la cárcel. Sus ojos ya
eran de mucha muerte, ¿me entiende? Ya los tenía así [muy abiertos].
Le gustaba el cristal y cada que se tomaba fotos… Yo recién llegué,
él se tomaba fotos con cabezas, así cortando [risas] y se las mandaba
a su familia, y pus algo normal. Es algo que de ahí se te hace normal,
¿me entiende? Comes al lado… a veces están cortando las cabezas y
tú estás desayunando al lado. Cuando los vi la primera vez, decía
¡verga, está cábula! O sea… Siempre, es como que… Haga de cuen-

ASÍ NACIÓ EL DIABLO

ta que es como que más adrenalina. ¿Qué va a pasar? Digo ¡a huevo, está bien loco este pedo! Y hay que ponerse verga y acá, ¿me entiende? O sea, ahí, lamentablemente, el que tiene huevos y el que está loco es el que sube de nivel."

DESAPARICIONES, FOSAS CLANDESTINAS Y LA CRISIS DE VIOLENCIA EN JALISCO

En los brazos paramilitares del cjng el descuartizamiento constante de seres humanos y su posterior desecho en fosas clandestinas no sólo es un acto de intimidación y un gesto de guerra, sino también es una muestra del poder e impunidad criminal dirigido a sus rivales y a la sociedad civil. También es una forma de ocultar el exterminio. Pero cuando éste se descubre, el grado de sadismo deja ver con claridad lo profundo de las crisis de inseguridad ciudadana y de derechos humanos que actualmente padece México. Problemas que han ido creciendo en los últimos 20 años sin que en ninguna de las últimas tres administraciones —ni en la actual— haya una efectiva política de Estado en materia de seguridad que contribuya a la erradicación de la violencia armada extendida en todo el territorio.

De acuerdo con el informe de la Comisión Nacional de Búsqueda de Personas de la Secretaría de Gobernación, del 1.º de diciembre de 2018 al 30 de junio de 2020 Jalisco, entidad gobernada por Enrique Alfaro Ramírez (Movimiento Ciudadano), ocupa el primer lugar entre los cinco estados con mayor número de cuerpos exhumados de fosas clandestinas, con 487. Le siguieron Sinaloa con 253, Colima con 179, Sonora con 143 y Michoacán con 104. En los 18 meses considerados en el informe, de los al menos 20 años que lleva México sumido en la crisis de inseguridad ciudadana y en tan sólo cinco estados, el total se elevó a 1 166 cuerpos exhumados.

A finales de septiembre de 2019 en el ejido conocido como La Primavera, área protegida de 30 500 hectáreas que abarca parte del municipio Zapopan, uno de los bastiones del CJNG al poniente de Guadalajara, se encontró una enorme fosa clandestina en donde peritos del Instituto Jalisciense de Ciencias Forenses (IJCF) hallaron los restos de 41 víctimas; 13 cuerpos completos, 16 cuerpos incompletos, seis cabezas y seis torsos. Todos los restos humanos fueron encontrados en 119 bolsas de plástico. Dos meses después, el 22 de noviembre, a sólo 30 kilómetros de la fosa en La Primavera, la Fiscalía General de Jalisco cateó una finca en la colonia El Mirador en el municipio de Tlajomulco de Zúñiga, en la zona metropolitana de Guadalajara. Ahí los peritos del IJCF localizaron otra fosa con 227 restos humanos y determinaron que pertenecían a más de medio centenar de personas. Sólo pudieron completar ocho cuerpos.

Según Blanca Jacqueline Trujillo Cuevas, quien encabeza la Fiscalía Especializada en Personas Desaparecidas en Jalisco, durante los primeros cinco meses de 2020 fueron encontrados 215 cuerpos en fosas clandestinas. En enero los municipios de Zapopan, Jocotepec y Tlajomulco de Zúñiga tuvieron un hallazgo total de 157 cadáveres. Dos meses después, en marzo, en el municipio de Juanacatlán fueron hallados 23 cuerpos. En abril se localizaron tres cuerpos más en Tlajomulco de Zúñiga mientras que en mayo fueron 32 los restos humanos localizados de nuevo en Zapopan y en El Salto.

En junio, el fiscal del estado de Jalisco, Gerardo Solís Gómez, informó sobre el descubrimiento de tres fosas clandestinas más en tres distintos municipios, donde fueron localizadas un total de 75 bolsas con partes humanas. En la colonia La Higuera, en Zapopan, se hallaron 39 bolsas en un depósito de agua subterráneo de una casa en construcción, mientras que en la calle Pedro Moreno, en el poblado de Santa Anita, perteneciente al municipio de San Pedro

Tlaquepaque, peritos del IJCF y de la FGJ extrajeron 36 bolsas asistidos por una retroexcavadora. En Tlajomulco de Zúñiga las autoridades recuperaron dos cuerpos más.

Según el Registro Nacional de Personas Desaparecidas y No Localizadas (RNPDNO) de la Comisión Nacional de Búsqueda (CNB), desde el 15 de marzo de 1964 hasta el 1.º de enero de 2022, en Jalisco hay 11 220 personas de las que se desconoce su paradero;[1] 4 081 de ellas se han sumado a partir del 1.º de diciembre de 2018,[2] fecha en que dio inicio la administración del gobernador Enrique Alfaro, lo que actualmente ubica a Jalisco en el primer lugar nacional en desapariciones. Desde el 1.º de diciembre de 2006, año en que el entonces presidente Felipe Calderón declaró la guerra a las organizaciones traficantes de drogas, hasta el 1.º de enero de 2022, el RNPDNO asienta que en México hay 78 070 personas desaparecidas, más de 5 000 fosas clandestinas y más de 7 000 cuerpos exhumados.[3] Cifras heladas, números incapaces de mostrar el dolor de miles de familias mexicanas que viven a diario el infierno de la incertidumbre y la indiferencia de la mayoría de las autoridades.

LA ESPERANZA DE ESPERANZA
EN MEDIO DE LA CRISIS FORENSE

"Yo creo que son más los desaparecidos. Te lo digo porque ellos [las autoridades] se están yendo sobre los expedientes que tienen,

[1] Versión pública del Registro Nacional de Personas Desaparecidas y No Localizadas. Consultado en https://versionpublicarnpdno.segob.gob.mx/Dashboard/ContextoGeneral.

[2] http://www.alejandroencinas.mx/wp-content/uploads/2020/10/Presentación-Búsqueda-e-identificación-OK-1.pdf.

[3] *Ibidem.*

sobre las carpetas de investigación. Pero existe la cifra negra: las personas que no hacen denuncia, y son muchas más." La voz fuerte y firme de la señora Esperanza, como me pidió que la llamara, es la voz de una mujer activista que desde el 14 de mayo de 2014 busca a su hermano desaparecido en la ciudad de Guadalajara. Esa cifra negra se refiere al 91.2% del total de los delitos no reportados en Jalisco durante 2019, según la Encuesta Nacional de Victimización y Percepción sobre Seguridad Pública 2020[4] (ENVIPE), realizada por el Instituto Nacional de Estadística y Geografía (INEGI). Esto significa que en el estado gobernado por Enrique Alfaro 9.12 de cada 10 eventos criminales transcurrieron sin ningún tipo de consecuencia legal para los delincuentes.[5]

La señora Esperanza forma parte del colectivo Por Amor a Ellxs, fundado en Jalisco en 2016 como consecuencia de las constantes desapariciones en el estado. Setenta y cinco personas se han organizado en este colectivo que hasta septiembre de 2020 les ha brindado apoyo y acompañamiento a otros 550 familiares de personas desaparecidas. Además del dolor, los distingue el hartazgo por la impunidad. Todos ellos han padecido la ineficacia judicial y ministerial en donde van quedando anegadas las estériles carpetas de investigación que engrosan los reportes y las estadísticas; números oficiales que no contemplan a las personas que por miedo a represalias del crimen organizado, o por desconfianza en las autoridades, no denuncian la desaparición de su ser querido. "Los que hicieron esto conocen a las familias, pero uno no los conoce a

---

[4] INEGI, Encuesta Nacional de Victimización y Percepción de Seguridad Pública 2020. Consultado en abril de 2021 en https://www.inegi.org.mx/contenidos/programas/envipe/2020/doc/envipe2020_presentacion_nacional.pdf.

[5] Instituto de Información Estadística y Geográfica de Jalisco, Cifra negra del delito en Jalisco 2019, diciembre de 2020. Consultado en https://iieg.gob.mx/ns/wp-content/uploads/2020/12/Ficha-Cifra-negra.pdf

ASÍ NACIÓ EL DIABLO

ellos. Siempre estamos en riesgo", dice Esperanza, quien se ha forjado una capa de dureza tras sentir desde hace casi siete años la aguja punzante de la impunidad y la indolencia de fiscales y agentes del Ministerio Público ante la desaparición de su hermano. "¡Como a ellos no les ha pasado nada! —dice Esperanza con coraje—. Ellos ya están acostumbrados a hacer un trabajo que no les representa nada. Para ellos no les representamos nada las familias que estamos buscando a nuestros seres queridos. No les interesa trabajar. No les interesa buscar. No tienen voluntad. No hay voluntad en las personas que están trabajando ahí. Los ministerios públicos sobre todo; los responsables de hacer las investigaciones. Los policías investigadores igual. A nosotros nos da mucha tristeza que en vez de que ellos investiguen, los que investigamos todo siempre somos las familias. Ellos no. Además, si va uno a darles la información de lo que investigó, ellos dicen que ellos la consiguieron y no es cierto. Nos queda claro que ellos no investigan."

Ante la falta de peritos en el IJCF, Esperanza y otras personas de su colectivo han tenido que tomar cursos impartidos por esa institución para aprender a buscar fosas clandestinas y localizar restos humanos. En muchos de los casos son ellas mismas las que realizan la prospección del terreno y la detección de posibles fosas. Para hacerlo, introducen una varilla de acero en forma de T en la superficie donde ven que la tierra ha sido removida o manipulada. Al sacar la varilla, los familiares huelen su punta. El olor dulzón de la muerte humana que cubre el acero oxidado ya lo identifican claramente. Desde hace mucho dejó de impregnarse en su paladar. "No sabes el dolor tan grande que es para nosotros como familias estar en la fosa que están abriendo. El dolor causado a estas personas que estuvieron ahí es muy grande. Últimamente no hemos ido a búsqueda porque decimos, si vamos a ir a búsqueda, con tantas fosas que han abierto ahorita, no tiene caso estar yendo a abrir más. El Semefo no se da abasto con todo lo que les está llegando. Hay que esperar a que el Semefo haga llegar a su destino a todos esos cuerpos que están ahí."

Según la serie de investigaciones sobre la crisis forense en México realizadas por el laboratorio periodístico *Quinto Elemento*,[6] de 2006 a 2019 en Jalisco había un total de 3 682 cadáveres sin identificar, de los cuales 743 desbordaron las unidades del Semefo, 1 213 se han ido a la fosa común, 399 fueron donados a facultades de medicina, 951 han sido incinerados en el Semefo, 356 la autoridad lo desconoce y 20 cuerpos más están sin especificar. Esta crisis forense que señala Esperanza comenzó a gestarse en 2015 durante el gobierno de Aristóteles Sandoval (PRI) y ha continuado en aumento año con año por el alto nivel de violencia que se vive en Jalisco y que terminó por alcanzar al propio exgobernador Sandoval la madrugada del viernes 18 de diciembre de 2020, cuando fue asesinado a balazos dentro de los baños del bar Distrito 5 en la zona restaurantera de Puerto Vallarta.

Según el registro del Secretariado Ejecutivo del Sistema Nacional de Seguridad Pública (SESNSP), Jalisco reportó 957 homicidios dolosos[7] en todo 2015, los cuales aumentaron a 1 105 en 2016.[8] Para 2017 los asesinatos continuaron subiendo hasta llegar a 1 342[9]

---

[6] Marcos Vizcarra, "Crisis forense: cuando las funerarias suplieron al Semefo", *Quito Elemento*, 2020. Consultado en https://www.quintoelab.org/crisis-forense/.

[7] Secretariado Ejecutivo del Sistema Nacional de Seguridad, Incidencia Delictiva del Fuero Común 2015. Consultado en https://drive.google.com/file/d/1nwcOEAynRhlb4B_NhLlUnq4JVR3e08qa/view.

[8] Secretariado Ejecutivo del Sistema Nacional de Seguridad, Incidencia Delictiva del Fuero Común 2016. Consultado en https://drive.google.com/file/d/1QeGAGVcJutsnzKDqhvsPAIPtF9UBzcEf/view.

[9] Secretariado Ejecutivo del Sistema Nacional de Seguridad, Incidencia Delictiva del Fuero Común 2017. Consultado en https://drive.google.com/file/d/1Y0aqq6w2EQijwSuxkUF15y8tf1C3qZV_/view.

y en los primeros nueve meses de 2018 ya contabilizaba 1 401 ejecutados de los 1 961 con los que cerró ese año.[10] En 2019, el primer
año de gobierno de Enrique Alfaro, el SESNSP registró un total de
2 022 homicidios dolosos. En 2020 fueron 1 756, mientras que en
2021 el registro terminó con 1 826.

La crisis forense no sólo ha mostrado a unas autoridades reba-
sadas, sino que también exhibió el inadecuado manejo de cadáveres
sin identificar a cargo del IJCF y la Fiscalía General de Jalisco, el cual
terminó de hacerse evidente cuando a finales de agosto y principios de septiembre 2018 un tráiler refrigerado con 273 cuerpos no
reconocidos anduvo errando por 14 días en los municipios de San
Pedro Tlaquepaque, Tlajomulco de Zúñiga y Guadalajara porque
ya no cabían en la morgue.

"No todos los cuerpos son de Jalisco —subraya Esperanza—.
Hay muchos que son de otros estados, como Michoacán, y no se
ha tenido la base de datos nacional para poder hacer las confrontas
entre un estado y otro. Creo que el gobierno es el responsable de
lo que está pasando en el país. No quieren enfrentar a las personas
que deben enfrentar. Mientras que el fiscal general [Gerardo Solís
Gómez] no se ponga las pilas, esto nunca va acabar." El fiscal Solís Gómez terminó renunciando por problemas de salud a principios de febrero de 2022.

"Ya no digamos el fiscal, en la fiscalía de desaparecidos [Fisca-
lía Especializada en Personas Desaparecidas a cargo de Blanca Ja-
queline Trujillo Cuevas] estamos igual. El gobernador ya tiene que
hacer algo con estos dos personajes, porque si él les sigue dando su
apoyo a estas personas vamos a acabar peor. Al principio decían que

[10] Secretariado Ejecutivo del Sistema Nacional de Seguridad, Incidencia Delictiva del Fuero Común 2018. Consultado en https://drive.google.com/file/
d/11ndk4eOz_QzujVSGisAokMnTEmR-OPhb/view.

todos los muertos eran de la anterior administración, pero ahorita ya no es de la anterior administración. Mientras sigan con ese fiscal y con esa fiscal de desaparecidos, yo creo que esto no va a parar. ¿No quieren trabajar?, ¿no quieren hacer nada? Pues entonces hay que ver qué van a hacer de ellos. ¿Qué va a hacer el gobernador? O se pone las pilas, o pos, digamos, nos lleva la chingada a todos."

De las 75 familias que forman el colectivo Por Amor a Ellxs, sólo una ha encontrado los restos de su ser querido. La mayoría de los cuerpos que el colectivo ha encontrado pertenecen a otras víctimas cuyos familiares no son parte de su organización, pero aun así han recibido su apoyo y acompañamiento en las misiones de búsqueda. "Hemos encontrado a otras personas, y haga de cuenta que es un pedacito de nuestro ser querido —confiesa Esperanza—. Entonces nos da mucho gusto por las familias que ya encontraron. Nosotros es lo único que pedimos: encontrar a nuestros seres queridos para saber dónde tenerlos, porque cuando una persona es desaparecida el dolor nunca se termina. Mi hermano… Acaba de ser su cumpleaños. Haz de cuenta que estoy viviendo eso como si fuera el mismo día en que desapareció, y eso que yo soy una de las personas más fuertes que estamos en el colectivo. Pero es un dolor tan grande, porque es un dolor que está suspendido, porque tú no sabes nada. Cuando tú entierras a una persona tu duelo dura dos años. Pero cuando una persona es desaparecida ese dolor nunca se termina." El sollozo que Esperanza contuvo por 45 minutos se escucha claro del otro lado de la línea. Su dureza llega a un límite cuando habla de su hermano, a quien se refiere en tiempo presente: "Mi hermano desapareció cerca de Casa Jalisco el 14 de mayo de 2014. Acaba de ser su cumpleaños. Actualmente tiene 72 años".

* * *

En los ocho meses que el Mawicho fue parte de las matanzas cometidas por el CJNG, calcula al menos un centenar de personas secuestradas que en su mayoría terminaron asesinadas. "Había a veces por noche 10, 15 muertos. Hay veces que los secuestrados, de tanta tortura... Los tenemos que dejar vivos porque nada más es tortura. El patrón lo quiere limpio. Tienen que vivir, ¡y si se te muere! ¡No mames! Una vez se me murió un güey sin querer... Bueno, la neta yo... En mi turno estaba bien y otro güey se quedó dormido y ya amaneció muerto. El güey este que estaba de comandante tenía 21 años. Era jarocho. No quería mucho a los chilangos. Decía: '¡Dime la verdad!' Me quería meter miedo porque me decía: '¡Dime quién fue! ¡Fue el Tartín! ¡Fuiste tú o el Tartín! ¡Si fue él, dime!'"

ENTRENADO EN VALLARTA Y AYUDANTE EN ZAPOPAN

Al cabo de poco más de un mes en Puerto Vallarta y con la humanidad voluntariamente extirpada, el Mawicho fue enviado a Zapopan, el segundo municipio más poblado de Jalisco, con casi un millón y medio de habitantes y bastión del CJNG. Sería parte de una célula del grupo criminal encargada de mantener el control de la delincuencia local por medio de secuestros, ejecuciones y torturas, así como de matar a sus rivales del Cártel Nueva Plaza. Lo nuevo le emocionaba. Llegaba de un lugar remoto a las afueras de Puerto Vallarta a la ciudad de Zapopan, dominada por su grupo criminal y con algo de currículum que lo acreditaba como alguien capaz de cometer atrocidades. Además, en el campo de adiestramiento no sólo había aprendido a descuartizar personas. El Mawicho también aprendió junto con otros jóvenes a desarmar, a someter y a caminar de forma ofensiva en caso de un enfrentamiento. Formaciones punta de flecha, escalonada; avanzando y disparando. Ganando al menos cinco metros por movimiento.

Hombres colombianos y mexicanos que encabezaban su adiestramiento le enseñaron a manejar el fusil de francotirador Barrett calibre .50, el fusil de asalto semiautomático AR-15 con lanzagranadas y hasta una metralleta MK3 de origen belga abastecida por cintas de balas en eslabón, totalmente automática, conocida comúnmente como Minimi. Le enseñaron que con las armas de placa (cargador) era vital contar las balas que disparaba y tener su equipo listo. "Tienes tantos cargadores, cuántas balas tienes. Uno tiene que estar contando cuántos tiros dispara para que no te quedes en la pendeja", decía con seriedad. Incluso les aprendió modismos y formas de hablar: "No tienes que estar dando papaya", una frase colombiana que se refiere a no arriesgarse de forma innecesaria. "Te enseñan varias cosas. Es que imagínese, ¿sabe qué es raro? Se lo juro que cuando estuve en la escuela siempre me ponía hasta adelante, hasta para matemáticas, y no se me dio. No se me da, no se me da. Pero si me dices 'desarma un arma'. Digo ¡no mames! Te la desarmo. ¡Quién sabe qué pedo! ¿Me entiendes? Te la desarmo, ¡fum, fum, fum! Y aprendo. O sea, no se aprende todo rápido. Lento, lento, pero yo dije, si las matemáticas se me hace más difícil [sic] y no puedo hacer todas estas cosas, pero tú dime ve a robar… Si me dicen ve y cambia un fusible, cambia el cespol de la tubería, no sé hacer nada de eso, nada. Nada más sé barrer y trapear." Pero en el CJNG no se necesita saber de plomería ni cambiar un simple fusible. Sumar y restar es suficiente. Lo más importante es el grado de locura, de crueldad; la saña y la insensibilidad de todos sus integrantes.

En Zapopan, el Mawicho continuó con su esfuerzo disciplinado por intentar mostrarse como alguien efectivo, aunque en ese momento no pudiera aplicar nada de lo que aprendió en un mes de entrenamiento en Puerto Vallarta. Tampoco llegó a Zapopan para formar parte activa de las acciones criminales. Llegó como ayudante y tenía que ganarse la confianza de *la operativa*.

Los equipos de pistoleros que atacan objetivos en la zona metropolitana de Guadalajara guardan distancia con los recién llegados. Los comandantes escogen personalmente a los jóvenes con los que forman células entrenadas y letales. La mayoría de ellos han sido enviados a pelear a otros estados como Michoacán o Guanajuato y sus integrantes pueden pasar desapercibidos entre la población. Algunos otros, aquellos que no pueden ocultar la muerte en sus ojos ni el aura oscura que les rodea el cuerpo, prefieren no asomar la nariz fuera de las casas de seguridad. El Mawicho era un nuevo más. Con esfuerzo y disposición se ganaba cada uno de los 16 000 pesos mensuales que le pagaban. Parte de su sueldo iba dirigido a su familia. Lo mandaba por Western Union, como lo hacían los otros pistoleros que enviaban dinero a sus esposas, novias y madres cada semana. Otra parte la destinaba a comprar cocaína para su consumo personal y "estar alerta".

El municipio de Zapopan le gustó por ser "más ciudad". Después de todo, él venía de la Ciudad de México con un clima mayormente templado y sin zonas agrestes que tuviera que recorrer. Además, en la casa de seguridad donde se instaló contaba con ciertas comodidades y beneficios. El que más le sorprendía era el de los viáticos: "Nos dan 10 000 pesos de despensa para que nosotros no gastemos —decía feliz de su prestación—. Van a comprar todo a Walmart. No salimos pa ni verga. Tenemos la casa, tenemos muebles, tenemos casas mamonas, mamonas. Tenemos ventiladores, internet. Hasta habíamos comprado un Xbox 1 y ahí jugábamos retas de a 100 pesos cuando no teníamos nada que hacer. Me ganaba 700 [pesos] en puro... está cábula. Como le vuelvo a decir, ya estás ahí, ¿me entiende? Ya mejor tómalo como lo mejor, y así le hago".

Pero en ese primer periodo de estadía en Zapopan junto con otros miembros del CJNG a los que el Mawicho se refería como Grupo Delta no lograba obtener confianza suficiente de sus jefes para hacerlo parte de *la operativa*. Él quería pertenecer a alguno de esos grupos de cinco a seis pistoleros a bordo de camionetas y armados hasta los dientes. El máximo símbolo de la delincuencia organizada que seduce y atrapa a jóvenes delincuentes como el Mawicho. Son los sicarios encargados de perpetrar asesinatos, secuestros y enfrentamientos con otras células criminales antagónicas y con las fuerzas del Estado.

"Al principio, en Zapopan no me dejaban ser tanto, era nada más cuidar a la visita, a los que llegaban secuestrados. No era estar en acción, en acción." Durante los secuestros en Zapopan, el Mawicho ayudaba a someter a las personas privadas de su libertad dentro de las casas de seguridad. Debían quedar totalmente inmovilizadas y cegadas con cintas. En ese periodo aprendió que en cada secuestro él siempre debía tener todo preparado y hacer cosas sin que se lo pidieran. "Haga de cuenta que se llama iniciativa —me decía al explicar lo que había aprendido—. Es lo que me enseñó un comandante. ¿Cuál es la iniciativa? Que tú ya no tienes que decir ¿qué hago? Ya no sé qué hacer. ¡La verga! Si ya sabes que tienes que trapear, que tienes que hacer esto o el otro. Por decir, cuando llega una visita tienes que tener cintas pa [tapar] los ojos, cinta pa [tapar] la boca, mecate para amarrarle todo, las manos, todo. Tienes que estar preparado para cuando lleguen, ¡fum! ¡fum! ¡fum! Ya está. ¿Me entiende? Todo, ya."

Con esa misma motivación y con esa misma iniciativa, el Mawicho mató por primera vez. Su víctima fue un empleado de la Fiscalía General del Estado de Jalisco que había sido secuestrado. La imagen de ese primer homicidio de vez en cuando regresaba a su mente y lo martirizaba. Aunque se empeñara en ignorarlo, el rostro de aquel hombre era uno de los varios que lo asediaban. Según él no le gustaba recordar esas cosas, pero no paraba de hacerlo. Su voz de silbido vomitaba memorias colmadas de violencia extrema y de cuerpos destazados. Parecía que en cada una de sus palabras buscara un poco de alivio a las migrañas que desde hacía unos meses le atenazaban la cabeza.

Dentro del Mazda, el Mawicho descargaba un hálito de muerte que dejaba flotando, como si con ello consiguiera desprenderse de esa costra purulenta que no dejaba de provocarle escozor en lo profundo de sus pensamientos. "Pus se me olvida. A veces me acuerdo de la primera muerte. Matamos a un güey de la fiscalía. Con las manos lo maté. Con las manos, con las dos manos, y ya cuando dio su último suspiro le estaba pisando la cara bien feo... Bien feo. Es donde, veo eso... Y la otra que no se me olvida mucho... He matado a varios y ¡pus bah!... Pero yo lo que le digo a la gente: '¡A mí denme al más cabrón! ¡A mí me gustan por cabrones!' ¿Me entiende? Pa que vean los señores que como si nada."

Pero esa supuesta muestra de indiferencia a sus asesinatos en realidad lo asediaba. Lo torturaba. "Una vez me tocó matar a dos chavas, ¿no? Pero pus porque eran órdenes, y cuando las corté y todo... Mi error fue que les dije a esas chavas que iban a vivir. O sea, nunca había matado a... bueno yo cuando estaba, casi no mataban rucas. Yo les decía a las chavas: 'Sí van a vivir, relájense'. Empecé a hablar con ellas, ¿no?, y ya cuando me tocó matarlas y descuartizarlas, pus sí valí madre. Eso es lo que a veces no me gusta y me agüito. Pero pus... todo bien, ¿me entiende? Es chamba. A veces cortar es una necesidad, es como una droga. Antes de irnos a Michoacán, en Zapopan, todos los días eran 10 descuartizados por noche y llegamos a Michoacán y ahí pus ahí nomás es puro balazo. Quería cortar. Se siente bien. Te tranquiliza, ¿me entiende? Pegarles con la tabla a los pasados de verga. Todo eso pues me da risa."

A ocho meses de haberse convertido en un asesino y torturador del CJNG, el Mawicho representaba toda la vileza criminal que tiene a México sumido en una fosa común con más de 270 000 personas asesinadas a lo largo de 14 años de conflicto armado.

LA GUERRA EN MICHOACÁN TIENE UN COMIENZO

A finales de 2018 el Mawicho y otros jóvenes pistoleros miembros de los Deltas recibieron la orden de abandonar Zapopan. Debían unirse a los combatientes del CJNG en la Tierra Caliente michoacana. Por los siguientes tres meses ellos serían el refuerzo de la ofensiva armada que hasta hoy mantiene el CJNG en algunas zonas del convulso Valle de Apatzingán-Tepalcatepec. Las organizaciones criminales a las que el Mawicho y los otros sicarios intentarían arrebatar el control delictivo de municipios como Aguililla, Buenavista y Apatzingán eran los autodenominados Cárteles Unidos, agrupación compuesta por combatientes de grupos remanentes de los Caballeros Templarios y la Familia Michoacana, así como por pistoleros de los Viagras y Blancos de Troya.

En el año 2000, cuando el Mawicho apenas tenía cuatro años de edad, la guerra en Michoacán ya había comenzado. Llegó con la alternancia en el poder. Los fundadores del CJNG, que entonces eran conocidos como los Valencia o los Cuinis, la familia que dominó el narcotráfico de forma relativamente pacífica en Tierra Caliente durante la década de los noventa, fueron expulsados de su natal Aguililla a punta de metralla por los sicarios de Carlitos Rosales, Jesús el Chango Méndez y Nazario Moreno González, el Chayo, los padres de la Familia Michoacana, quienes, apoyados por

el Cártel del Golfo, entonces encabezado por Osiel Cárdenas Guillén y su brazo armado, los Zetas, atacaron sin tregua a todo el clan
de los Valencia, haciéndolos huir y mudar su operación a Colima,
Nayarit y principalmente al estado de Jalisco.

Desterrados de Michoacán y con su líder, Armando Valencia
Cornelio, el Maradona, preso a mediados de agosto de 2003, los
Valencia se subordinaron a Ignacio *Nacho* Coronel, en aquel tiempo uno de los líderes más importantes del Cártel de Sinaloa, afin-
cado en Guadalajara. Coronel aprovechó la mala sangre y empleó
a los sicarios de los Valencia como brazo armado para combatir a
los Zetas y evitar su ingreso a Jalisco, en especial a la zona metropolitana de Guadalajara. De esto se encargaría personalmente Nemesio Oseguera Cervantes, el Mencho, con la creación de un grupo armado de corte paramilitar, entrenado por al menos cuatro
excombatientes de las guerrillas colombianas que llegaron a México gracias a las conexiones entre Abigael González Valencia, el
Cuini, y Diego Pérez Henao, Diego Rastrojo, líder y fundador del
grupo narcoparamilitar los Rastrojos, también conocidos como las
Rondas Campesinas Populares, el brazo armado del Cártel del
Norte del Valle,[11] el cual formó parte de la disidencia de las Autodefensas Unidas de Colombia, desmovilizadas en 2006. El resultado de aquella capacitación paramilitar con raíces profundamente
colombianas fue un grupo disciplinado y sanguinario conocido
poco después como los Mata Zetas.

Tras la caída del Maradona en el municipio jalisciense de Tlajomulco de Zúñiga, el liderazgo de la organización pasó a los her-

---

[11] Abel Barajas, "Denuncian tratos de Cuini y FARC", *Reforma*, 2018. Consultado el 2 de marzo de 2021 en https://www2.reforma.com/aplicacioneslibre/
articulo/default.aspx?id=1574181&md5=cdda37e5453bd41748a55bb1d-
07dc9d5&ta=0dfdbac11765226904c16cb9ad1b2efe.

manos Nava Valencia; Óscar Orlando, el Lobo, y Juan Carlos, el Tigre, que junto con Elpidio Mojarro Juárez, el Pilo, y Ramiro Pozos González, el Molca, crearon una red traficante que llegó a introducir entre 15 y 40 toneladas de cocaína a Estados Unidos, hasta cuatro veces por año, según lo confesado por el Molca en septiembre de 2012, durante uno de los interrogatorios que la Policía Federal realizaba a presuntos criminales y que después hacía públicos como propaganda de la calamitosa guerra contra el narcotráfico emprendida en el sexenio de Felipe Calderón. Así nació la organización criminal autonombrada Cártel del Milenio, en la que participaba de forma importante la familia González Valencia, a la que el Mencho pertenecía políticamente por ser esposo de Rosalinda, una de los 18 hermanos Cuinis, los poderosos aguacateros michoacanos convertidos en aliados de Nacho Coronel y la hegemónica organización de Sinaloa.

Sin embargo, la inexorable mutación criminal del Cártel del Milenio comenzó el 28 de octubre de 2009 en el municipio de Tlajomulco de Zúñiga, cuando el Lobo Valencia fue delatado por medio de una llamada anónima y, tras enfrentarse con el ejército, él y 14 de sus sicarios fueron detenidos. En su lugar quedó su hermano Juan Carlos, el Tigre, pero también fue delatado y capturado siete meses después, el 6 de mayo de 2010, en la ciudad de Guadalajara.

Según las declaraciones de Ramiro Pozos González a la Policía Federal, el Mencho y los Cuinis fueron los delatores debido a que Érick Valencia Salazar, el 85, buscaba imponer al Mencho como líder del Cártel del Milenio, pasando por encima del Pilo, considerado el sucesor natural de la organización traficante. Esto ocasionó un conflicto dentro del grupo delictivo y se crearon dos bandos: la Resistencia, encabezada por Ramiro Pozos, el Molca, quien era apoyado económicamente por la facción de la Familia Michoacana liderada por el Chango Méndez, y la estruc-

así nació el diablo

tura criminal armada de los Cuinis que ya se habían dado a conocer como el Cártel Jalisco Nueva Generación, con el Mencho como rostro más visible. Les apodaron de forma despectiva los Torcidos, los traicioneros. Ambos grupos criminales comenzaron a matarse salvajemente, luego de que la Resistencia se negó a entregar a uno de los suyos: Gerardo Mendoza Chávez, el Cochi, señalado como uno de los autores intelectuales del asesinato de Silverio Cavazos,[12] el exgobernador de Colima que protegió los laboratorios de la empresa farmacéutica Lomedic,[13] acusada por el Departamento del Tesoro de Estados Unidos de proveer precursores químicos al grupo criminal de los hermanos Amezcua para producir cristal metanfetamina.

Pero el Cochi atacó primero en el municipio colimense de Tecomán, a mediados de mayo de 2010. Ahí mató a tres sicarios del Mencho y despertó al demonio. Oseguera y sus pistoleros emprendieron una cacería en contra de todos los miembros de la Resistencia, incluidos sus amigos y familiares. Los resultados del contraataque aparecieron la mañana del viernes 28 en la colonia Prados del Sur en el municipio de Colima, donde tres hombres fueron hallados descuartizados, decapitados y sus restos metidos en bolsas de plástico. Junto a ellas, tres cartulinas con amenazas al Molca, al Papirrín y a Gerardo Mendoza, el Cochi.[14]

---

[12] Pedro Zamora Briseño, "El poder político, detrás del homicidio del asesino de Silverio Cavazos", *Proceso*, 2018. Consultado el 2 de marzo de 2021 en https://www.proceso.com.mx/reportajes/2018/5/24/el-poder-politico-de-tras-del-homicidio-del-asesino-de-silverio-cavazos-205601.html.

[13] Redacción de *Animal Político*, "Protegía Cavazos laboratorios ligados al narco", 2010. Consultado el 2 de marzo de 2021 en https://www.animalpolitico.com/2010/11/laboratorios-ligados-al-narco-protegidos-por-cavazos/.

[14] Sergio Uribe Alvarado, "Deja ola de violencia tres decapitados y un ejecutado", *Diario de Colima*, pp. 1, 10, 2010.

Por la tarde, la cacería continuó en la colonia Villa de San Sebastián, en donde otro hombre de 35 años fue asesinado a balazos y al mismo tiempo, en el municipio de Atenquique, Jalisco, a 53 kilómetros de Colima, la embestida del CJNG mató a otro hombre vinculado a la Resistencia, lo que ocasionó que el ejército resguardara los accesos a la ciudad, debido a los reportes que indicaban que los sicarios habían huido hacia Colima.

El día anterior, en Manzanillo, cinco personas habían sido secuestradas por gatilleros del Mencho y nunca se volvió a saber de ellas. Todos los ataques fueron efectivos y coordinados sin que hubiera detenidos. Las alarmas se encendieron en la oficina del entonces gobernador de Colima, Mario Anguiano Moreno, quien convocó a una reunión de emergencia con su consejo de seguridad; militares, marinos y hasta personal del desaparecido Centro de Investigación y Seguridad Nacional (CISEN), hoy Centro Nacional de Inteligencia (CNI), estaban presentes. Mientras se celebraba esa reunión, en las calles los ataques continuaban.[15]

De la misma forma en que los Cuinis y el Mencho fueron expulsados de Michoacán seis años atrás a punta de decapitaciones y descuartizamientos perpetrados por los Zetas y la Familia Michoacana, ahora ellos hacían lo propio por medio de su disciplinado grupo paramilitar entrenado por exguerrilleros colombianos. Así sacaron de Jalisco y Colima a la resquebrajada Resistencia del Molca, quien de Colima huyó a Tierra Caliente para refugiarse en el territorio criminal del Chango Méndez. Desde Michoacán el Molca anduvo a salto de mata. Quiso reagruparse y pelear para recuperar su zona de influencia delictiva en Jalisco y Colima, pero

---

[15] Francisco Buenrostro, "Se reúne de emergencia el Consejo de Seguridad", *Diario de Colima*, 1, 2010. Consultado en http://www1.ucol.mx/hemeroteca/pdfs/290510.pdf.

ya nada podía hacer para combatir la potencia de la ola mortífera y corruptora creada por el Mencho y los Cuinis, quienes terminaron de asentar su dominio en el occidente de México tras la muerte de Nacho Coronel, el 29 de julio de 2010 en Zapopan, luego de que se enfrentara a militares y terminara muerto de un escopetazo. Ya sin Nacho Coronel en la escena criminal, los Mata Zetas de Nemesio Oseguera se afianzaron en Jalisco y continuaron operando a favor del Cártel de Sinaloa, cuyos pistoleros combatían las incursiones de los Zetas en sus zonas de control delictivo en Durango y Coahuila, y amenazaban con seguirse expandiendo, pasando por encima de los sinaloenses.

Eran los días en que los Zetas ya habían cobrado notoriedad por su salvajismo. Fue la primera organización criminal con raíces militares que videograbó los descuartizamientos de personas vivas y la disolución de sus restos en ácido, así como los primeros en emplear campos de adiestramiento para entrenar a sus sicarios en manejo de armas, tácticas de combate, interrogatorio y tortura.[16]

Pese a toda esa fama sanguinaria, la respuesta de los Mata Zetas de Nemesio Oseguera y Abigael González Valencia fue brutal. En septiembre de 2011 sus sicarios atacaron y secuestraron a presuntos miembros de los Zetas en varios municipios del estado de Veracruz, incluidos Cardel, Xalapa, Poza Rica, Tuxpan, Pánuco, Córdoba, Orizaba, Perote, San Andrés Tuxtla, Martínez de la Torre, Minatitlán, Acayucan, Alvarado, Coatzacoalcos y el puerto de Veracruz.[17]

---

[16] Sergio Aguayo y Jacobo Dayán con la colaboración de Javier García Ramos, *"Reconquistando" La Laguna: Los Zetas, el Estado y la sociedad organizada, 2007-2014*, El Colegio de México, México, 2020. Consultado el 24 de marzo de 2021 en https://reconquistandolalaguna.colmex.mx/reconquistando-la-laguna.pdf.

[17] Paris Martínez, "Los Mata Zetas se disculpan por los asesinatos en Veracruz", *Animal Político*, 2011. Consultado el 1.º de marzo de 2021 en https://

En esa ofensiva, en un paraje conocido como Santa Fe, a 30 kilómetros del puerto, los Mata Zetas del CJNG torturaron y asesinaron con técnicas paramilitares[18] a 23 hombres y 12 mujeres presuntamente relacionados con los Zetas. La tortura fue dentro de un vagón de tren. Algunos fueron muertos a palos, otros estrangulados y otros más asfixiados. Después, la tarde del 20 de septiembre, los Mata Zetas abandonaron aquellos 35 cadáveres maniatados en plena avenida Ruiz Cortines, en el municipio de Boca del Río. Todos los cuerpos estaban marcados con una zeta y presentaban quemaduras en torso y piernas. Entre los ejecutados había tres menores de edad: Fernando Betancourt Vázquez, de 14 años y sin ningún tipo de antecedente penal, murió por desnucamiento; Abbi Lizbeth Poucholen Barrios, de 15, murió estrangulada, y Diana Teresa López Luna, de 16, murió por sofocación dentro del vagón. En las siguientes 48 horas, en Boca del Río y en el puerto de Veracruz, los Mata Zetas lanzaron 14 cuerpos más a las calles sin que ninguna autoridad contuviera las masacres que fueron símbolo de la turbia administración del entonces gobernador de Veracruz, Javier Duarte de Ochoa (PRI), actualmente preso en el Reclusorio Norte por enriquecimiento ilícito, delincuencia organizada y corrupción.

Las masacres impunes y el abandono de los cuerpos a plena luz del día fueron los actos de guerra criminal con los que el brazo armado del CJNG sacudió al mundo de la delincuencia organizada en México y a la sociedad en general. También fueron el preludio del ascenso violento con el que el Mencho y los Cuinis convertían

www.animalpolitico.com/2011/09/los-mata-zetas-se-disculpan-por-los-asesinatos-en-veracruz/.

[18] "Revelan que en el asesinato de los 35 muertos de Boca del Río se usaron técnicas castrenses", *Animal Político*, 2011. Consultado el 1.º de marzo de 2021 en https://www.animalpolitico.com/2011/09/revelan-en-el-asesinato-de-los-35-muertos-de-boca-del-rio-se-usaron-tecnicas-castrenses/.

ASÍ NACIÓ EL DIABLO

al CJNG en la segunda organización delictiva más poderosa de México, debajo del Cártel de Sinaloa.

Según la Evaluación Nacional sobre Amenaza de Drogas 2020 (National Drug Threat Assessment 2020) realizada por la DEA, en una década el CJNG ha expandido su presencia en 23 de los 32 estados del país y es una de las principales organizaciones traficantes de fentanilo, heroína, metanfetamina y cocaína.

A lo largo de los años de crecimiento de esa organización delictiva, varios de los hermanos González Valencia han sido detenidos. Abigael cayó en Puerto Vallarta en 2015. Se salvó de la extradición y permanece preso en el Módulo Diamante del reclusorio Santa Martha Acatitla, a donde fue transferido en mayo de 2021 luego de pasar seis años en el penal del Altiplano, mientras que Arnulfo y Ulises Giovanni purgan penas de cinco y seis años en el penal de Puente Grande. José Luis fue detenido en Fortaleza, Brasil, en 2017 y en noviembre del 2021 fue extraditado a Estados Unidos, donde enfrenta cargos por narcotráfico, mientras que Gerardo cayó en Uruguay y también terminó extraditado a Estados Unidos. Elvis fue detenido en un hospital privado de Zapopan tras ser herido de bala a principios de enero de 2016, pero fue liberado a las pocas horas, mientras que Rosalinda, la esposa del Mencho, fue arrestada también en Zapopan en mayo de 2018 y liberada un par de meses más tarde tras pagar una fianza de 1.5 millones de pesos, que le permitió seguir su proceso en libertad, hasta que fue reaprehendida el 15 de noviembre de 2021 de nuevo en la ciudad de Zapopan, Jalisco, y trasladada al Centro Federal de Readaptación Social número 16 en Coatlán del Río, Morelos.

"Ésa es la gente que está arriba del señor Mencho —me decía el Mawicho mientras explicaba con cierta presunción la importancia de trabajar para el grupo criminal de los González Valencia—. La esposa del señor M es hermana de los Cuinis de Michoacán.

Ellos son la familia que patrocina a Mencho. Son los que están más arriba, más arriba. Gente más millonaria."

Sin embargo, al Mawicho poco le importaba el origen del pleito entre narcotraficantes que a casi dos décadas de iniciado ahora lo empleaban como uno de sus asesinos. Para él, el conflicto armado sostenido entre los grupos de la delincuencia organizada, así como la crisis humanitaria que han dejado a su paso en Tierra Caliente y en varios lugares de México, era una mera oportunidad para ganar dinero.

Su deseo de escalar posiciones en el crimen organizado y convertirse en un delincuente notorio lo hacían planear un futuro en donde no perdería la oportunidad de participar en acciones que lo pudieran ubicar en lo más alto del ala armada del CJNG. Por eso su partida a Michoacán era muy importante. La zona de conflicto en Tierra Caliente era para él una especie de vitrina, un campo de guerra donde podía exhibir su nivel de locura y temeridad y, de paso, obtener todo el reconocimiento posible. Pronto vendrían las situaciones de riesgo que tanto anhelaba vivir desde que pisó Jalisco. Sostener enfrentamientos y atacar poblados para el control delictivo de un cártel era parte definitiva de su sueño de convertirse en sicario. Además pondría en práctica lo poco que aprendió en el campo de adiestramiento en Puerto Vallarta con sus instructores colombianos, aunque ni él ni sus demás compañeros fueran parte de ningún programa de entrenamiento físico continuo que los mantuviera en óptimas condiciones, ni aprendió nada sobre navegar entre la sierra.

En sus pocos meses como miembro del CJNG, el Mawicho había aprendido principalmente a matar personas secuestradas, a torturar rivales amarrados, a destazar, a infligir dolor sin piedad y a seguir órdenes ciegamente. En medio del sadismo, de las carencias técnicas y de entrenamiento, se esfumaba toda la mitología narcotraficante que el Mawicho había consumido en canciones, en series de televisión, en videojuegos, en varios medios de comunicación que veía por casualidad y en los productos comerciales relacionados con lo que imaginan es el conflicto armado entre organizaciones criminales y sus brazos armados con estructura paramilitar en México. Es ahí, entre la deshumanización, la tortura, los descuartizamientos, las fosas clandestinas y las desapariciones forzadas al amparo de políticos y policías corruptos, donde desaparecen las historias narcoculturales épicas con tintes románticos y aventureros de consumo masivo.

La realidad es que el Mawicho era un sádico delincuente beneficiado por la corrupción del sistema de justicia en México, el cual lo ayudó a evitar un reingreso al reclusorio tras pagar un soborno de 20 000 pesos unos meses atrás, cuando era un simple ladrón y vendedor de droga. La realidad también es que aquel corrupto agente del Ministerio Público receptor del soborno permitió que el Mawicho se convirtiera en un asesino despiadado, en un feminicida y en un sicario del segundo grupo criminal más poderoso de México, que ahora lo lanzaba al matadero de la sierra michoacana a enfrentarse con combatientes expertos en caminar como sombras en el monte. Una mezcla de hombres con años de experiencia armada gracias a los conflictos que sucedieron a partir de que los Cuinis Valencia, la última línea de defensa en el ecosistema narcotraficante michoacano, fueran expulsados del estado por el operador del Cártel del Golfo, el guerrerense Carlitos, el Tísico Rosales, junto con los Zetas y sus pupilos de la Familia Michoacana.

Muchos de esos hombres a los que el Mawicho intentaría matar en los enfrentamientos en el monte no eran presa fácil, sino todo lo contrario: son veteranos que han adquirido experiencia de combate tras más de 20 años de continuos conflictos armados, entre ellos los alzamientos de las autodefensas de febrero de 2013. Muchos más son personas desplazadas de sus pueblos que no han tenido más remedio que agarrar un rifle, ante la profunda crisis de violencia y de derechos humanos en la Tierra Caliente michoacana que parece no tener fin.

ME LLAMO GUSTAVO, SOY JEFE DE PLAZA DE LAS PASTILLAS (LOS VIAGRAS) EN CUPUÁN DEL RÍO, MICHOACÁN

"¿Estás escuchando, Emmanuel? ¿Estás escuchando? Ya va a comenzar." En seguida, una ráfaga de AR-15 se escuchó al otro lado de la línea telefónica. Gustavo, jefe de plaza de los Viagras en Cupuán del Río, una localidad perteneciente al municipio de La Huacana, defendía una casa de la que pistoleros del CJNG querían despojar a sus dueños. Los hijos pelearon. Dos hombres de 30 años y uno de 14, así como Gustavo, se posicionaron dentro de la casa y esperaron a que dos camionetas con una docena de pistoleros entraran en su línea de fuego. Cuando lo hicieron, Gustavo soltó la primera descarga de AR-15 y le pegó al cofre de la camioneta. Fue lo único que vio. El resto del enfrentamiento lo peleó de puro oído para no exponer la cabeza a menos de 10 metros de distancia de los contrarios. Después, fue el infierno. Las descargas sonaban como cañones al otro lado de la línea. Yo sólo le pedí que soltara el teléfono, que le creía todo lo que me decía. De pronto, el grito de un niño que celebraba: "¡Nos chingamos a un hijo de su puta madre!", y otro más que le reclamaba su lejanía en la línea de combate. El chico tenía 13 años.

A Gustavo lo conocí en abril de 2016 en un bloqueo en la carretera Apatzingán-Aguililla, levantado por los habitantes de la tenencia Cenobio Moreno, conocida localmente como Las Colonias. Los vecinos habían cerrado el paso carretero porque el día anterior, durante un operativo para ubicar y detener a miembros de las organizaciones delictivas los Viagras y Blancos de Troya, policías ministeriales cometieron saqueos y realizaron al menos 12 detenciones arbitrarias y los vecinos estaban furiosos.

Cajas de cerveza con bombas molotov comenzaron a moverse detrás de la línea que defendían los pobladores, mientras que un hombre de manos enormes, apodado el Piojo, pedía a gritos que no se lanzara ni una sola piedra contra los policías y soldados que se amontonaban detrás de los mandos del Ejército y la policía michoacana que negociaban con el Piojo y con otros líderes de la base social de los Viagras. Al frente del operativo estaba Carlos Gómez Arrieta, entonces subsecretario de Seguridad Pública de Michoacán. Su objetivo era instalar una Base de Operaciones Mixtas a unos metros de ahí, sobre la carretera.

Gómez Arrieta, actualmente preso en el penal del Altiplano por el delito de tortura en el caso de los estudiantes desaparecidos de la normal rural de Ayotzinapa, acordó con varias personas formar una comitiva que se iría a Morelia con el fin de saber qué suerte había corrido el grupo de detenidos del día anterior, entre los que había un paciente con insuficiencia renal en condiciones de pobreza extrema. Las llamas que bloquearon la carretera Apatzingán-Aguililla fueron extinguidas por bomberos de Protección Civil y se recogieron los limones partidos a la mitad con clavos atravesados para ponchar llantas.

De pronto un hombre delgado se me acercó. Traía el rostro cubierto con un paliacate café con blanco y hablaba con una voz muy tenue. Al pie de carretera ese hombre me dijo llamarse Gustavo y que era parte del movimiento, como le llaman a la autodefensa los hombres que intentan marcar una línea que los separe de los grupos delictivos que los arman. Nos apartamos de los restos calcinados del bloqueo y nos quedamos afuera de un restaurante abandonado. Ahí, Gustavo me platicó que de 2013 a 2015 había trabajado con marinos en tareas de inteligencia para ubicar a Servando Gómez, la Tuta, líder de la banda criminal Caballeros Templarios.

Gustavo había sido desplazado de su pueblo junto con su familia y encontró en Las Colonias más casos como el suyo: hombres que habían resistido los ataques de la delincuencia organizada y habían huido con sus familias ante el abandono de las autoridades. Las Colonias, en buena medida, es un pueblo de refugiados. Gustavo me contó de su vida unos años atrás, cuando decidió unirse al movimiento, luego de que dos camionetas llenas de muertos le desprendieron un pedazo de alma. Venían una detrás de otra. Los hilillos de sangre escurrida por las esquinas de las bateas formaban una delgada línea sobre el camino de tierra que conducía a una de las tantas brechas que suben a la sierra de Tumbiscatío, en la comunidad de Las Cruces, Michoacán. Parados encima del montón de cadáveres, cuatro pistoleros de los Caballeros Templarios con rifles AK-47 terciados a la espalda pisaban cabezas, manos, brazos y torsos sin inmutarse.

A principios de 2012 Gustavo era beneficiario del programa Joven Emprendedor Rural de la hoy extinta Secretaría de la Reforma Agraria, y él junto con otros 15 jóvenes se dedicaban a la producción de lácteos artesanales. Todos quedaron petrificados ante el paso de las camionetas con el montón de personas muertas rumbo a la sierra.

"Así fue el dominio que tuvo la maña aquí —decía Gustavo—. Es el terror, el someterte física y psicológicamente; extorsionarte, violarte, secuestrarte. Es la frustración de saber que la corrupción ha hecho que quedemos indefensos. A mí me mataron ya a dos familiares y por eso combatimos. La gente ya no se va a dejar de la maña. Por eso nos han criminalizado y el gobierno agarra parejo. No ven las situaciones de olvido que han empujado a varios de nosotros a unirse a los grupos armados. Por eso a mí me interesaba la propuesta de López Obrador sobre la amnistía y meter la paz, porque nos hace mucha falta."

Como jefe de plaza, el trabajo de Gustavo se divide en cuidar la zona de posibles ataques del grupo del Mawicho y la otra en ser el encargado de cuidar todo lo que se mueve dentro de la ranchería. "Mi caso es diferente a los demás jefes de plaza porque yo estoy para apoyar al pueblo. Todos han de decir lo mismo, ¿no? Pero los hechos son los que cuentan." En la localidad de Cupuán del Río, con poco más de 1 000 habitantes, Gustavo es la máxima autoridad y se dice consciente de saber que más allá de representar a los grupos delictivos Viagras y Blancos de Troya tiene una responsabilidad social con la gente de esa comunidad. "Hasta donde yo puedo apoyar, a mi alcance, sin dañar a ningún otro sector. Lo primero fue bajar el costo del agua potable. Lo segundo es que todos los del pueblo tengan derecho a sus recursos naturales, por ejemplo a la arena para construir. Si ocupaban un camión lleno, el ejido tenía la obligación de darlo por ser derecho del habitante, y antes el ejido lo vendía, y ésos son recursos naturales del pueblo. Antes a la gente no se le daba nada. Conmigo la gente tiene, por ejemplo, el derecho de al menos un camión de arena para cuando van a construir. La arena está disponible. Como nunca se les había dado nada, pos que se les dé al menos la arena. Que la tengan garantizada."

Gustavo habla con la soltura de un líder social. Conoce a fondo los problemas de la Tierra Caliente y culpa a la corrupción y a la ambición como causas principales de los altos niveles de violencia con que se despedazan entre sí los grupos armados. Desde pequeño se le inculcó la aberración inamovible por cualquier tipo de droga, pero confesó que se sentía arrepentido por haber rentado su parcela en 1995 para plantar 25 000 pesos de marihuana.

"Si de por sí hay tanto carajo aquí armado, y ahora drogados, eso es un verdadero problema —decía convencido—. En mi plaza hay dos reglas: no se vende droga y se cobra a todos los camiones que transportan madera; sean legales o sean de la tala chueca, 2000 pesos por carro; al día juntabas 4000 o 6000 pesos. Por día. Pero así también te llega la gente a la que ayudas que para la cirugía del papá o del abuelito, para la diálisis de fulano, porque aquí todo mundo padece de los riñones. El problema es que cuando ayudas, se corre la voz y ya pareces médico ahí, todo el día tratando con gente que te llega a cada ratito, gente muy pobre que llega a pedir apoyo."

Las labores de Gustavo no terminaban en la comunidad de la cual era responsable. Cuando tenía que hacerlo, también combatía, y no sólo defendiendo una casa, sino metido en el monte, en busca de los contrarios pertenecientes al grupo criminal del Mawicho. "Hacemos emboscadas a los contras. Las planeamos y ejecutamos. Si es un objetivo en especial, se estudia a la persona, dónde anda, dónde se esconde y ahí es donde uno trabaja. Sabemos porque allá tenemos gente infiltrada. Personas que agarraron trabajo allá desde hace años que igual se casaron con gente de los pueblos controlados por los Jaliscos, y muchos nos pasan información. Todo se hace en tres días. Máximo cuatro días. Todo el tiempo esos ataques se hacen contra líderes de grupos de los Jaliscos que se mueven de un lado a otro."

Gustavo enfatiza que el grupo armado al que pertenece no obliga a nadie a tomar un arma y que más bien él, como muchos de los habitantes de la región, no cuentan con opciones de subsistencia por la guerra en Tierra Caliente. "La gente va con los Viagras para pedirles apoyo porque ya no tiene nada que perder. Es gente olvidada por los gobiernos, por muchos gobiernos. No van con la policía porque ahí los contrarios son el mismo gobierno coludido con los malandros, por eso no hay ningún respaldo, ninguna garantía. Los grupos armados delictivos, como los Viagras, obviamente son delictivos, pero garantizan más la vida y la libertad de muchas personas que el mismo gobierno. Por eso la gente desplazada va ahí a pedir apoyo."

La impunidad provocada por la fuerza violenta y corruptora de las organizaciones criminales que operan en toda la Tierra Caliente ha comprado policías, jueces, agentes del Ministerio Público, soldados y ha impuesto políticos en cargos de elección popular. Toda esa corrupción judicial y ministerial ha dejado abandonado a su suerte a casi un millón de personas que viven a lo largo de esa región michoacana, donde la mayoría de los municipios están bajo la ley de distintos grupos de la delincuencia organizada local, donde gozan de amplia aceptación social.

En diciembre de 2021 el nuevo gobierno de Alfredo Ramírez Bedolla (Morena) reconoció que ante la crisis de violencia más de 3 000 michoacanos desplazados quedaron varados en Tijuana, Baja California, en espera de lograr asilarse en Estados Unidos. Muchos de ellos, al igual que Gustavo, decidieron tomar un rifle sin importar quién se los diera, porque ya habían abandonado toda esperanza.

Han sido décadas de crímenes impunes, de muerte y de injusticias, que en la Tierra Caliente han cambiado los preceptos morales. Lo que impera es la supervivencia, el rencor y la normalización de la violencia armada sostenida entre los grupos delictivos y sus impuestas formas de autogobierno que incluyen los nexos con las autoridades legítimamente electas.

"Yo creo que ha sido el sistema político, que lejos de solucionar el problema, es parte de él —afirma Gustavo—. Lejos de ayudar a la gente con sus necesidades, pues más les cierra las posibilidades para que salgan adelante, ¿no? Entonces, pues la gente no se va a morir de hambre. Ellos sabrán cómo se mantienen, haciendo lo que sea, pero de hambre no se mueren. Eso es lo que muchos de ellos piensan y por eso ingresan al crimen organizado. Es un gran número de esos que se afilian por la situación de pobreza en la que viven, y otros que realmente sí les nace el formar parte del grupo criminal."

Cuando le pregunto sobre el adolescente que "defendió" la casa con él el día del ataque, Gustavo sostiene que por fuerte que sea, así es en su región. "¡Incluso hay más chiquillos! —asegura—. Aquí son comunes las armas. Desde siempre han estado. Aquí, en Tierra Caliente, además de batallones de la Guardia Nacional o el Ejército necesitamos impulsos culturales y sociales de muchos tipos, y los políticos no piensan en eso. Ellos no tienen ni el más mínimo interés de siquiera conocer la situación a fondo. No hay ni ha habido un plan o estrategia ni a corto o largo plazo, ni nada. No tienen nada. Ni siquiera quieren hablar del tema. Aquí necesitamos psicólogos, maestros, ¡no sé! El gobierno todavía no entiende que llevamos años en guerra y los niños están traumados. Las niñas y mujeres, ni se diga. ¡Aquí hay un 99% de probabilidad de que un chamaco de 12 o 13 años termine en el movimiento y agarre un fusil porque no hay de otra! Prácticamente, los jóvenes están abandonados. Ya ves el chamaquillo este, el Jordy. Desde chamaco ahí andaba en la bola."

El muchacho al que Gustavo se refería era Jordy Villa Patricio, el Jordy o el H. Un adolescente de 18 años que, tras su detención en marzo de 2018, se dio a conocer que era sobrino de Nemesio Oseguera, el Mencho, cabeza más visible del CJNG.

Martín Godoy Castro, el turbio procurador del estado de Michoacán, que falleció un año después en un misterioso accidente en helicóptero, lo exhibió como trofeo y afirmó que el adolescente era una figura importante en la organización del grupo delictivo los Viagras en la comunidad de Pinzándaro. Al Jordy se le atribuían varios delitos, entre ellos homicidio y narcomenudeo. La noticia de aquel supuesto gran golpe a la organización delictiva los Viagras por parte de la procuraduría estatal y la administración del entonces gobernador Silvano Aureoles Conejo, siempre urgida de triunfos ante un estado sumido en la corrupción y violencia, fue replicada por varios medios de comunicación con distintos tonos que iban de lo épico a lo mitológico:

> Se trató ni más ni menos que de un jefe del Cártel de los Viagras cuya edad no rebasaba los 20 años y por si eso no era [*sic*] suficiente, es familiar del líder del Cártel Jalisco Nueva Generación (CJNG), Nemesio Oseguera, alias el Mencho […] Al concluir su preparación con el teniente coronel, el H fue nombrado jefe de plaza en la Tenencia de Antúnez, localizada en el municipio de Parácuaro, y su sueldo se incrementó a cinco mil pesos semanales.[19]

"¡Qué va a ser jefe de plaza de Antúnez ese carajo! Replica Gustavo con ironía. "Si Antúnez es una de las plazas más importantes, como Apatzingán, en donde se ocupa mucho dinero, mucha gente y experiencia. ¡El muchacho era un mandadero! Que después se haya metido al movimiento como pistolero es otra cosa. Es como te digo, aquí desde niños tienen acceso a armas. Es algo normal en los pueblos. ¡Pero así como lo puso Martín Godoy y como dicen en las noticias! No, pos nada que ver."

Tres años antes de su detención, en febrero de 2015 y poco después de la masacre del 6 de enero en Apatzingán, Jordy, ese

---

[19] "¿Quién es 'El Jordi'?… El sobrino de 'El Mencho', el niño que quiso ser sicario y traicionó al líder del Cártel Jalisco Nueva Generación", *Vanguardia*, 2018. Consultado en enero de 2022 en https://vanguardia.com.mx/noticias/nacional/quien-es-el-jordi-el-sobrino-de-el-mencho-el-niño-que-quiso-ser-sicario-y-traiciono-al-EOVG3429940.

supuesto importante líder de los Viagras, mitologizado por el gobierno michoacano y varios medios de comunicación, me llevó a comer enchiladas junto a los reporteros Rodrigo Caballero y Eduardo Morelos a uno de esos restaurantes caseros conocidos en Tierra Caliente como "cenadurías". La voz de mando de quien dijo ser el comandante Lima de Pinzándaro, uno de los líderes armados que nos acompañó durante el reportaje que realicé para Radio Nederland sobre jóvenes combatientes en las autodefensas michoacanas, tronó fuerte en cuanto vio pasar a un chico en huaraches a bordo de una motocicleta. "¡Hey, Jordy!" El muchacho se detuvo en seguida. "Lleva a los reporteros a que coman algo." Luego, el comandante Lima se dirigió a nosotros: "Este niño ahorita los lleva a una cenaduría. Siéntanse seguros. Esta zona ya está libre de Templarios", comentó orgulloso el comunitario. Jordy se bajó de la moto y se la dejó a otro chico igual de joven que él. Sonriente y con cierta emoción que no ocultó por ser nuestro guía, Jordy nos llevó a una casa cerca de ahí, donde se habían adaptado mesas y sillas sobre la calle, a un costado de las únicas canchas de basquetbol en Pinzándaro. Lo invitamos a comer. Pidió enchiladas y agua de jamaica. Jugó con mi cámara fotográfica un rato y le pregunté sobre su vida en una región envuelta en la violencia armada.

—Pues no hay muchas oportunidades para uno aquí, apá. Aquí te metes de limonero o te metes de malandro.

—¿Y qué quieres tú, viejo?

—Pos meterme de malandro. Ganas más que los 20 pesos que te pagan por caja de limón.

—¿Has disparado un arma? ¿Has participado en algún enfrentamiento?

Hubo una pausa. Su voz dudó un momento.

—No, primo, yo soy menor de edad. No puedo manejar armas. ¿Me dejas ver tu cámara otra vez?

Le expliqué dónde estaba el obturador y luego hizo un par de fotos desenfocadas. Veía el display de la Canon Rebel con ojos intensos y curiosos como cualquier adolescente de 15 años. Además de querer ser *malandro*, Jordy nos platicó que vivía con familiares suyos en Pinzándaro y que su música favorita eran los corridos cantados por Alfredito Olivas y El Komander.

Después de cenar y ya con la noche encima, Jordy nos llevó a las canchas de basquetbol, donde se quitó los huaraches y nos presumió sus dotes de trepador. El peligroso jefe de plaza de los Viagras se subió por un poste de luz de unos siete metros de altura, hasta casi tocar la redonda farola encendida. Un señor que iba pasando lo regañó porque podría fundir el foco de la farola que se bamboleaba con su peso. El chico se bajó en seguida. Luego caminamos con él de regreso al lugar donde pasaríamos la noche: una construcción que fungía de hotel para los trabajadores del campo y sus parejas, ubicado justo en medio de las huertas y de un taller mecánico que con la luz de la luna parecía sacado de una película de Rob Zombie, con un cobertizo semiderruido y un viejo tractor rojo en reparación.

Jordy nos decía gustoso que ahora sí podíamos caminar tranquilos en Pinzándaro porque antes, cuando los Caballeros Templarios asolaron la región, sus pistoleros azotaban a niños y jóvenes con una manguera rellena de arena si se atrevían a estar fuera de sus casas después del toque de queda. A los 12 años, él mismo sufrió la tortura. Jordy se quitó la playera y nos mostró dos gruesas cicatrices a la altura de los riñones y otra en el tobillo izquierdo. Pistoleros de los Caballeros Templarios lo robaron y azotaron por atreverse a salir en horas no permitidas. No abundó más. El recuerdo le calaba. Sus ojos se aguaron. Con más confianza, Jordy aceptó haber disparado rifles de asalto y entre risas recordó el moretón que le dejó en el hombro derecho la patada de un rifle AK-47. Poco después nos fuimos de ahí. Ya no pasamos la noche en aquel hotel porque la oportunidad de entrevistar a Nicolás Sierra Santana, líder de los Viagras, se había esfumado por los operativos de la Marina, que ya lo estaba cazando.

En el poblado de Pinzándaro, enclavado en el corazón de la Tierra Caliente michoacana, el contexto social en el que Jordy vivió toda su vida, carente de oportunidades, de escuela, de actividades deportivas y culturales, así como el conflicto armado dentro del cual nació, lo empujó de lleno al laberinto de violencia en donde más jóvenes como él han terminado.

Según el sociólogo José Antonio Pérez Islas, quien es coordinador del Seminario de Investigación en Juventud (SIJ) de la Universidad Nacional Autónoma de México (UNAM) y especialista en políticas de juventud, la solución para los jóvenes mexicanos que viven en medio de conflictos armados consiste en cambiar el contexto sociocultural en el que viven. "Mientras no haya otra opción que ofrezca mejores condiciones de vida, el narcotráfico será la única opción. Es parte de un asunto cultural y económico que tiene que ver con sobrevivir."

Pérez Islas afirma que en lo social no existen huecos. Siempre que un actor social sale o no está presente, otros elementos ocupan esos espacios. La ausencia de estructuras estatales y sociopolíticas la ha cubierto el crimen organizado, que impone sus propias reglas, normas y soluciones. "No ha habido un Estado de derecho de derechos humanos, ni de Estado federal ni estatal, y a los que no aceptan los códigos impuestos los matan. Los jóvenes han sido abandonados de las estructuras económicas, políticas, sociales y culturales. Es lo que estamos cosechando: un abandono desde los años ochenta. Son las pérdidas que tenemos con generaciones de jóvenes que no saben lo que es la solidaridad ni el trabajo común. Ésas son las consecuencias del abandono y donde entra la corrupción, donde nadie hace el trabajo que debería estar haciendo."

En medio de todo ese abandono que arrasa con los jóvenes de varias regiones del país que viven en zonas de conflicto, Jordy, el niño mandadero que optó por convertirse en malandro, recibió toda la fuerza coercitiva y la narrativa condenatoria del Estado, que lo metió de forma efectiva a la cárcel, pero que nunca procuró otras salidas que lo alejaran de los grupos armados. A siete años de verlo trepar farolas y a 10 de que pistoleros de los Caballeros Templarios lo marcaran de por vida, Jordy encara la consecuencia de haber crecido en el contexto violento y olvidado de la Tierra Caliente. Hoy en día, los Caballeros Templarios son aliados de los Viagras y los Blancos de Troya en ese conglomerado de grupos delictivos mezclados con autodefensas autodenominado Cárteles Unidos, el grupo armado que se enfrenta a la expansión del Cártel Jalisco Nueva Generación en Michoacán y que han nutrido sus filas con adolescentes, jóvenes y adultos de todas las edades, así como desplazados de otros pueblos, incluso de otros estados que llegan a refugiarse en sus bastiones localizados en los ranchos Pinzándaro y Cenobio Moreno. Algunos de esos desplazados regresan armados a sus pueblos con fusiles provistos por los traficantes. Expulsan a los invasores en turno y crean nuevas líneas de defensa compuestas en su mayoría por trabajadores agrícolas que desde hace más de dos décadas han combatido, contenido y aceptado en ocasiones a los diferentes grupos criminales que han impuesto sus propias leyes sobre miles de michoacanos.

Con el tiempo y con la ausencia del Estado, los delincuentes y la sociedad han aprendido a generar un autogobierno que durará hasta que el grupo delictivo sobreviva y llegue otro con reglas distintas, con jefes de plaza quizá más crueles o quizá más justos. Gustavo explica que mientras el jefe de plaza sea "el encargado" del pueblo, la autoridad del jefe de tenencia e incluso la del mismo presidente municipal serán un mero adorno, porque el representante del grupo criminal no sólo impondrá el orden social de la comunidad en la que fue incrustado, también controlará el saqueo clandestino de recursos naturales de la comunidad ocupada: minería, tala y todo lo que sea explotable. También, si lo desea, pedirá cuotas a ejidatarios, productores de aguacate, de limón, papaya, ajonjolí y demás empresarios agrícolas y ganaderos que abundan en la región y que han normalizado la extorsión como parte de sus gastos fijos. Parte de ese dinero, dice Gustavo, lo entregará a los líderes para continuar la guerra, otra parte se destinará al pago de sueldos de todos los pistoleros (incluyendo el suyo) y otra para apoyos a la gente de la comunidad.

Las necesidades sociales básicas de seguridad y justicia son huecos profundos dejados por el Estado, pero que grupos delictivos como los Viagras y Blancos de Troya han llenado para así imponer su ley en varias comunidades, como lo explicaba el sociólogo José Antonio Pérez Islas. Sin embargo, hombres como Gustavo, con una franca conciencia social, informado y conocedor de la vida política de la región, no son la regla. La mayoría de los jefes de plaza de las organizaciones delictivas a las que pertenece cometen violaciones a los derechos humanos y usan la violencia como medio principal para dominar pueblos enteros. Por eso Gustavo es apreciado y respetado en la comunidad en donde es líder. En situaciones de amenaza de ataque por parte de otros grupos, él es el encargado de organizar a los hombres que participan en la defensa y en los contraataques. La mayoría de las personas de esa ranchería quedarán en medio de los enfrentamientos, por lo que muchos prefieren tomar un fusil sin importar quién lo provea.

Al final de cuentas, a los civiles con amigos y familiares asesinados o desaparecidos, a los jornaleros con esposas e hijas violadas, torturadas y con casas quemadas hasta los cimientos poco les importa de dónde vienen las balas, los AR-15, los cuernos de chivo, o lo que sea que les permita defenderse de los continuos ataques de sicarios como en los que el Mawicho participaría después en Tierra Caliente. Son hombres y mujeres que se han visto forzados a dividir sus actividades diarias entre el trabajo en las huertas, su vida familiar y la vigilancia armada en varias barricadas hechas con costales de arena para frenar cualquier intento de ingreso de nuevos grupos de la delincuencia organizada.

La pelea por las supuestas "rutas del narcotráfico" como una de las principales razones de la violencia armada entre grupos criminales queda sólo como una explicación laxa dentro de la trillada narrativa provista por el Estado y replicada por los medios de comunicación, en un ejercicio constante de simplificación de un problema social complejo y multifactorial.

La autodefensa comunitaria armada nació entre la turbiedad ante la ineficacia judicial, la corrupción y la crisis de inseguridad ciudadana. Muchos de sus elementos, como Gustavo, están condenados al descrédito por caer redondos en la criminalización al ser civiles armados por grupos de narcotraficantes como los Viagras de Nicolás Sierra Santana, el Coruco o los Blancos de Troya de César Sepúlveda Arellano, el Comandante Boto, hombres que además de comandar grupos traficantes armados como en lo que después se convirtió Jordy, son líderes sociales capaces de movilizar y armar a poblaciones completas para frenar las embestidas de pistoleros contrarios como el Mawicho, que por 16 000 pesos mensuales intentará matar a Gustavo a Jordy y a cualquiera que pertenezca a Cárteles Unidos, para así intentar conquistar pueblos a donde el CJNG intentará expandirse.

El Mawicho y Gustavo son enemigos y han servido a organizaciones delictivas. Sin embargo, entre ambos pistoleros existen diferencias éticas y morales que los han llevado a tomar un fusil de asalto e internarse en la sierra para matarse mutuamente, y que bien merece su análisis para una mejor comprensión de la crisis de violencia y derechos humanos en la Tierra Caliente michoacana y para su imperiosa pacificación. "No puede haber un milagro, sino hasta que se ponga de acuerdo la raza", asegura Gustavo. "Sería un milagro que cambiara el corazón de los malandros. Uno conoce a cada quien. A los que yo conozco, ellos con gusto aceptarían cualquier tregua, cualquier desarme que lleve a la paz. Ellos con gusto bajan los fusiles. Ya están cansados. La guerra es lo más pesado que puede haber en el mundo. La idea es acabar con el enemigo y los hombres, los jóvenes y niños, se están acabando. Por eso la califico como una guerra. Todos los días hay muertos."

Sobre los laboratorios clandestinos para la producción de cristal metanfetamina y el tráfico de cocaína hacia Estados Unidos, Gustavo los ve como una forma más con la que Viagras y Troyanos generan ganancias para mantenerse como grupos dominantes en sus comunidades, pero principalmente para continuar la guerra contra el CJNG. Con total seguridad dice que las operaciones de producción de droga sintética comienzan desde el puerto de Lázaro Cárdenas, con el tráfico de precursores químicos provenientes de China, y que éstas terminan en varios laboratorios escondidos en lugares remotos de la sierra. Gustavo afirma que mucho de ese cristal se queda en Tierra Caliente y eso ha generado un problema severo de adicción entre varios de los miembros de las organizaciones delictivas para las que trabaja.

A diferencia del CJNG, cuyos brazos paramilitares imponen disciplina a punta de tablazos en las nalgas desnudas de sus integrantes si son sorprendidos consumiendo cristal, en los Viagras y

Troyanos la realidad es otra: "Hay mucha droga, mucho adicto al hielo [cristal metanfetamina] ahí en el movimiento. Los señores pagan rehabilitaciones, pero hay gente que ya está muy mal y son los más peligrosos. Andar con gente así en el monte es un problema, porque entran en un estado de paranoia muy fuerte y terminan vomitados después de los pinchazos [enfrentamientos], pero también los usan [los jefes] porque son los que hacen las otras cosas. Los que torturan amarrados, los que descuartizan. Porque acá también hay de eso. Es la guerra, y las formas de acabar con el enemigo pueden ser brutales. Esas personas no tienen remedio ya. Son gente que vive con mucho miedo de que saben [sic] que en cualquier momento a ellos les puede tocar lo mismo. Por eso necesitamos con urgencia que comience la reparación del tejido social en nuestros pueblos. Pero mientras sigan subiendo camionetas llenas de muertos y nos vengan a quitar lo poco que tenemos de forma tan impune, yo prefiero llevarme por delante al que venga a querer invadir nuestros ranchos. Sea del cártel que sea".

Actualmente Gustavo y su familia viven refugiados en Estados Unidos, luego del conflicto interno que se dio en 2019 entre Nicolás Sierra Santana, líder de los Viagras, y César Sepúlveda Arellano, líder de los Blancos de Troya. Según Gustavo, falsos rumores decían que Nicolás Sierra Santana había delatado al Comandante Boto con el Ejército, en el estado de Morelos, lo que dejó al menos una treintena de muertos entre ambos grupos. "Yo mejor bajé el fusil para no tener problemas con ninguno de los dos señores. Uno era el que me pagaba y el otro nos daba las armas, municiones y chalecos. Lo que cuesta entender es que si se pierde una vida de ésas, muchas más se pondrían en peligro. Así de complicada es la realidad en nuestros pueblos. Ahora, gracias a Dios, esos dos locos ya son amigos otra vez, y sólo queda pensar que unas 30 vidas se perdieron a lo puro pendejo."

EL MAWICHO Y SU BAUTISMO DE FUEGO

"Si sobrevives, sales como que mejor recomendado", decía el Mawicho con desenfado, en referencia a los combates en la Tierra Caliente michoacana. A mediados de marzo de 2019 ya estaba internado en la sierra junto con otros pistoleros del CJNG equipados con fusiles AR-15, cargadores y pistolas. Caminaban por horas entre cañadas y lomas, sumidos en el calor extremo de esa región purépecha que en marzo puede alcanzar los 35 °C. Un entorno totalmente ajeno a lo que había vivido en 23 años. "¡Es una chinga! —decía—. Pura agua y atún, y a veces cuando no hay agua, pues de los ríos que hay ahí, y pus... con caca de vaca, y le pones Zuco al agua para no deshidratarte. Pinches cerros. Subidas y bajadas. Mis piernas... Aquí ando sin pedos. En Guadalajara, sin pedos también. ¿Me entiende? Porque pus yo soy de la ciudad, y para subir cerros... Imagínese, había veces que era el chaleco [blindado], los cartuchos, el arma larga, tu pistola. Y más aparte cada quien nos turnábamos para traer una mochila con suministros: electrolitos, latas de atún, agua. El 19 de marzo entramos a un pueblo y el 20 fue mi cumpleaños. Se hizo la guerra."

El 19 de marzo de 2019, poco antes de las seis de la tarde, el Mawicho y otros 180 integrantes del CJNG atacaron una localidad a 40 kilómetros de la 43 Zona Militar en Apatzingán, en la frontera con el municipio de Aguililla, hasta ese momento bastión del CJNG. "Nos metimos a un pueblo. San José de Chila, se llama. Nos metimos de plano, así a guerrear. Yo nunca había estado en esas mamadas. De 10 chilangos, tres la libramos. Antes de llegar al río ya nos estaban recibiendo con cincuentas ¡tan-tan-tan-tan! y yo me bloqueé por un momento y decía ¡qué pedo, valió verga y acá!"

El estruendo de dos fusiles calibre .50 disparados por pistoleros de Cárteles Unidos apostados en el campanario de la parroquia
de San José Obrero dejaron al Mawicho petrificado. Ése era el
bautismo de fuego que tanto había deseado por meses y no podía
quedar como un pistolero inoperante, consumido por el miedo
ante los ojos de sus comandantes. Tampoco ante los ojos de otros
gatilleros que, como él, luchaban por un lugar de reconocimiento
en el grupo criminal, pero que a diferencia del Mawicho reaccio-
naron con más soltura al inicio del enfrentamiento.

"Estaba la vergacera y yo estaba compitiendo con tres chavos
de donde yo venía. Dije ah, chingá, pues si ellos pueden, pues yo
también. Y ya. Íbamos hasta adelante. Nosotros éramos puro chamaco de los de Zapopan. Éramos el equipo con puros chamacos de
23, 24 años, abajito. El más chamaco de 19. A nosotros nos pusieron
de a dos en cada equipo, pero cubriendo la retaguardia. Decían: '¡A
ver, los Deltas, ustedes van a hacer esto…!' Y ya, a la mera hora, dos
tres güeyes bien fieras y ya acá pues se acularon. Se bloquearon.
Nosotros íbamos bien adelante en la columna de la retaguardia, ¡y
ellos atrasadísimos! Haga de cuenta que como 80 güeyes éramos
pata de perro. ¿Qué es *pata de perro*? Entrar caminando al pueblo. En
blindadas otros güeyes. Pero nosotros entramos caminando." El
campanario de la parroquia de San José Obrero fue usado por los
pistoleros de Cárteles Unidos como un punto elevado de ataque,
pero no lograron mantenerlo por mucho tiempo. "Matamos a unos
Templarios en una iglesia. Estaban hasta arriba, en la campana, y
uno igual, porque nosotros traíamos un .50 de cinta en una Cheyenne blindada. Y ¡pus tun-tun-tun-tun! ¡No, pura guerra!" La
sonrisa del Mawicho le llenó la cara por completo.

Durante el ataque la parroquia fue saqueada por los pistoleros,
sin que llegaran militares o policías que ayudaran a la población
civil atrapada en medio del fuego. Según el presbítero Isaac Barajas

Castañeda, párroco del templo San José Obrero y quien fue entrevistado días después del enfrentamiento por el portal *ACI Prensa*,[20] el combate en su comunidad fue reportado e ignorado. "Éste es un rancho alejado de Apatzingán. Las autoridades están por allá. Sabían lo que estaba pasando, pero no llegaron. De todas maneras las autoridades están superadas, porque ya ha venido el gobierno dos veces. El gobierno aquí duró dos días y luego se fueron. Y en cuanto se habían ido, otra vez se armó la balacera. Necesitan vivir aquí no sé cuántos pelotones del gobierno para que esto no suceda", declaró el párroco.

El padre Barajas Castañeda confirmó el alto grado de violencia armada sostenido en el enfrentamiento donde participó el Mawicho. "Metieron muchas armas, mucha bala, mucha pólvora; carros blindados. Dejaron muchos muchachos muertos, muchos charcos de sangre. La torre está llena de orificios de bala, las campanas están agujereadas, la pila bautismal está volteada, abrieron la sacristía, rompieron vidrios, tumbaron puertas. Iban buscando gente y a la vez buscando dinero, joyas, armas, no se les quedó ni un rinconcito, ni una cajita sin abrir." Los segundos en los que el Mawicho se quedó inmóvil con el AR-15 en las manos no volvieron a repetirse nunca. Su vida y su reputación dependían de ello.

La notoriedad en la competencia interna entre algunos jóvenes asesinos con ambición de poder dentro de los brazos armados del CJNG, además de ser volátil, es algo que se procura. "En un enfrentamiento las balas se escuchan *¡tsium!* Y es lo que espantaba, o me espanta, ¿no? Porque al chile el día que dejas de tener miedo te carga la verga. Pero haga de cuenta que no te puedes bloquear.

---

[20] David Ramos, "Enfrentamiento de narcos deja iglesia saqueada y perforada por las balas en México", *ACI Prensa*, 2019. Consultado en agosto de 2020 en https://www.aciprensa.com/noticias/enfrentamiento-de-narcos-deja-iglesia-saqueada-y-perforada-por-las-balas-en-mexico-75285.

ASÍ NACIÓ EL DIABLO

Cuando estás en un enfrentamiento no puedes bloquearte porque mamas. Entonces tienes que hacer todo lo que has aprendido: tírate al piso, cúbrete, cárgate, ve primero quién es. Uno no dispara por disparar. Ve un blanco y a ese blanco ¡tran-tran! Agáchate, otra vez: ¡tran-tan-tan-tan-tan!, cambio de cartucho y hasta que se acabe la vergacera." El ataque del Mawicho provenía del pueblo vecino, Naranjo de Chila, donde nació Nemesio Oseguera, el Mencho, y bastión del CJNG en Tierra Caliente. Sólo un río separa a los dos pueblos. San José de Chila no fue tomado por el grupo criminal. El ataque tenía como finalidad matar la mayor cantidad de pistoleros de Cárteles Unidos e intentar avanzar al norte, donde está la férrea contención de combatientes autodefensas, mezclados con pistoleros del grupo de Gustavo y el Jordy, cuyo bastión, la ranchería Pinzándaro y la tenencia Cenobio Moreno, Las Colonias, está a tan sólo 40 kilómetros del pueblo atacado por el Mawicho y sus compañeros del CJNG. En medio del fuego entre los grupos armados en el Valle de Apatzingán-Tepalcatepec compuesto por los municipios de Zitácuaro, Nueva Italia, Parácuaro, La Huacana, Aguililla, Gabriel Zamora, Nuevo Urecho, Apatzingán, Buenavista y Tepalcatepec, habitan alrededor de medio millón de personas, según las cifras del censo 2020 de Instituto Nacional de Estadística y Geografía (INEGI). Tuvieron que pasar tres años y la salida del perredista Silvano Aureoles Conejo de la gubernatura del estado de Michoacán para que la voz del padre Barajas Castañeda fuera escuchada. El 11 de febrero de 2022 más de 1 000 soldados del Ejército mexicano ingresaron a San José de Chila y Naranjo de Chila, luego de que 150 soldados tomaron por asalto la ranchería donde el Mawicho tuvo su bautismo de fuego. El despliegue de fuerza militar, que llegó tres años tarde, con el cambio de gobierno del morenista Alfredo Ramírez Bedolla, incluyó vehículos artillados y blindados Sandcat que sólo encontraron un pueblo fantasma y un puñado de familias traumatizadas. La presencia militar empujó a varios grupos de choque del CJNG al estado de Colima, donde se terminaron enfrentando a los Mezcales, la banda criminal local que hasta enero de 2022 había sido su brazo armado en esa entidad gobernada por la morenista Indira Vizcaíno Silva. La historia de violencia cíclica nuevamente ponía a Colima como campo de batalla como lo fue hace más de una década, cuando la traición de los Torcidos del Mencho aniquiló a la Resistencia del Molca. Ahora el CJNG era desafiado por José Bernabé Brizuela, la Vaca o la Bestia, el líder de los Mezcales quien supuestamente se negó a seguir las órdenes del representante del Mencho en Colima, Aldrin Jarquin, el Chaparrito, para matar a la gobernadora Indira Vizcaíno además de voltearse del lado del Changuito Ántrax, del Cártel de Sinaloa, para de esta forma hacerse del control del preciado puerto de Manzanillo. El rompimiento dentro del CJNG inició el 22 de enero en el Cereso de Colima. Ahí los Jaliscos se enfrentaron a sus rivales con puntas hechizas, cúteres, tijeras, piedras y martillos, mientras que los Mezcales resolvieron todo con una pistola que según Manuel Llerandi Ruiz, secretario de Seguridad Pública del estado, fue lanzada desde el exterior del penal. El saldo fue de 10 muertos a balazos, todos del CJNG. Días después, la violencia del penal se extendió a las zona metropolitana de Colima-Villa Álvarez, lo que provocó que en los dos primeros meses del 2022 se registraran 91 homicidios dolosos, 40 de ellos en tan sólo dos semanas.

ME GUSTA DEMOSTRAR

Después del ataque a San José de Chila y de posteriores escaramuzas en la sierra michoacana donde incluso llegó a perderse por un par de días con su grupo de pistoleros, el Mawicho comenzó a recibir los pequeños frutos de su empeño criminal. Varios líderes del CJNG apostados en las zonas de control más beligerantes de Aguililla y Tepalcatepec reconocían su arrojo y eso le llenaba el pecho de orgullo: "¡Se lo juro por Dios! ¡Por mi vida! ¡Por mi hija! Los comandantes decían: 'Mis respetos para el Chilango. A todo le entra'. ¿Me entiende? A todo nos decían y ¡arre! Nadie nos humillaba, ¡y entre qué gente estamos! Les decía: '¿Qué?, ¿quieren un toque? ¡Va, carnales! ¡Hay que echarle!', y me decían: '¿Tas bien loco, veá? ¡Estás bien piratón!' De todos los chilangos yo era el más callado y por eso 'vente' y pus la neta uno se siente chido, ¿no? Me gusta demostrar, ¿me entiende? Ahí en Michoacán estaba con pura gente de choque. Me enseñaron a volar el dron con C-4 y pus, un chilango. Los primeritos chilangos allá. Y toda la gente, comandantes, todos: '¡Échale ganas, póngase abusado!' ¿Me entiende? En Michoacán, haga de cuenta que es puro guerrillero.

"Para matar Templarios y Viagras teníamos que irnos a los cerros y hacer emboscadas. Nos íbamos a las cinco de la mañana para llegar a las nueve y empezar a matar gente y pus disparas y se siente, pus, chido, la neta. ¿Quién no quiere disparar un arma en una situación así?"

El reconocimiento de los líderes armados del CJNG por fin llegó y llenó varios huecos en la personalidad del Mawicho. Se sintió feliz. Era la primera vez que creía estar totalmente respaldado y reconocido, no sólo en una organización delictiva, sino en su vida. El Mawicho haría todo lo posible por seguir demostrando su lado más sanguinario, su arrojo y obediencia a esa maquinaria criminal con presencia en casi todo México. Pero no estaba solo. Había más competencia. Junto a él estaban más jóvenes combatientes provenientes de varias partes de México que como en la vecindad del 21 de Jesús Carranza, en Tepito, buscaban oportu-

ASÍ NACIÓ EL DIABLO

nidades para demostrar su valor y brutalidad. "Hay [jóvenes] de Michoacán, de Jalisco; Guadalajara, Tecalitlán, Tamazula. Hay del D. F. también. Uno que otro de Chiapas, de Tijuana. ¿Me entiende? Hay jóvenes y también hay grandes; los comandantes ya están grandes y pus bien lacras."

La competencia directa del Mawicho era otro hombre apodado el Chaparro, oriundo de Tepito y quien había sido miembro de la Unión. Ambos delincuentes eran cercanos y habían vendido droga juntos en la calle Jesús Carranza. Incluso el Chaparro había vivido unos días en casa del Mawicho y éste le debía dinero, sin que ese adeudo ocasionara fricciones. Hasta que la competencia y la envidia, que flota como nata espesa entre muchos mexicanos de todo tipo, se les enquistó en el cuerpo junto con el poder cegador que sentían al terciarse el rifle AR-15 en la sierra. Fue tanto el odio que creció entre ambos, que durante los enfrentamientos contra los Viagras y Cárteles Unidos el Mawicho tenía que cuidarse la espalda, porque sentía que el Chaparro podía matarlo y hacerles creer a sus compañeros que había sido por una bala contraria.

"¡Cómo voy a estar matando y cuidándome la espalda! —se quejaba el Mawicho—. Así estuve con el Chaparro en cada enfrentamiento. O no dormía a veces, de que ese güey es bien traicionero. Imagínese: ¿sabe qué hizo en Michoacán? Le fue bien porque está vivo, ¿verdá? Pero me alzó el rifle y todavía le dije: '¿Qué? ¡Sin el rifle! Le voy a dar en su puta madre, ¿quiere ver?' Así le dije: 'No, no, no, suba su rifle, hijo de su puta madre. Usté mata con la boca y está por la verga. Pinche muerto de hambre, porque acuérdese que usté se quedó a vivir en mi casa y yo lo traté… Acuérdese por quién vi, no se olvide, perro, y acá. Le di en su mero ego'. Me decía: 'Me vas a pagar mi dinero, ¡eh! Al chile'. Luego fue a mandar a extorsionar a mi familia con los de la Unión. Pero pus no es nadie. Él no es nadie, ¿me entiende? Digo, no es nadie pero siempre me cuido. Pero no tiene voz ni voto en el cártel. Siempre me cuido porque el morro ya está aprendiendo más cosas y me va a querer matar y le tengo que ganar. Yo por eso también me voy [a Zapopan], porque no lo puedo dejar que él se quede en Jalisco y yo ni modo que me quede aquí como si nada, ¿me entiende? Aparte, haga de cuenta que lo que más me preocupa es que él se prepare y un día sí me mate. Porque a él no lo sacan [del CJNG]. O sea, ese güey se queda meses, como yo, ¿me entiende? Él regresó a Michoacán y no... al final, le digo que apenas está cortando. Le están enseñando a descuartizar. Namás cortó un brazo una vez y ya. No sabe cortar, y allá en Michoacán decía que mató a quién sabe a cuántos y que está bien loco. Está mal. A mí la neta no me gusta que la gente me diga pendejo o puto, y todo eso. Me gusta demostrar, ¿me entiende? Por eso me jalan los del RR, el brazo armado del Mencho, su mano derecha de seguridad, pero los mandó a la guerra, ¿me entiende? Pero ellos [van] porque quieren, ¿me entiende? O sea, si tú ganas una guerra, es más dinero, más poder, más pedo, más territorio."

Fueron casi dos meses los que el Mawicho combatió en Tierra Caliente contra los autodenominados Cárteles Unidos y le fueron suficientes para lucirse. Era disciplinado, cumplido y estaba motivado. Pero apenas dormía. El estrés y el desgaste físico provocados por vivir en medio de los combates le daban unas cuantas horas de sueño. La ansiedad podía atravesarle la mente y se alojaba en sus sienes. A veces las punzadas no paraban de palpitar en ambos lados de la cabeza, en un ritmo repetitivo que calmaba con profundas bocanadas de marihuana. Las guardias que le ordenaban montar en distintos puntos del territorio defendido por el CJNG podían convertirse en un infierno en cuestión de segundos: ataques lejanos o absurdamente cercanos, al grado de poder escuchar las mentadas de madre y las amenazas de los contrarios a menos de 10 metros de distancia. Él y otro pistolero se turnaban las vigías. No podían quedarse dormidos. Ése era un error que el CJNG castiga con la muerte. Por eso se llenaban las narices de cocaína que le compraban al mismo grupo criminal.

"Imagínese, nunca dormí bien. Porque en las madrugadas teníamos que andar bien pericos de que no te puedes dormir. De que te duermes y pus te matan. Ni chance de decir nada. Tienes que hacer guardia. Hay guardias de tres horas. Tú y otro chavo nada más. Campaneando, viendo a ver qué y bien perico, tomando agua, y no descansas porque acabas tu turno en ese día y al otro te vas a otro punto a cuidar, y cuando no estás en esos puntos, estás combatiendo contra los Templarios y así. Cuando nos bajábamos de la sierra y alguien sacaba la onza [de cocaína], nada más le metías la llave, ¡pero jijo! ¡Todo con agua! Aprendí a periquear con agua. Allá a veces me gastaba 1 500, 2 000 pesos en puro perico."

CRECER COMO SICARIO

En abril acabó el *tour* del Mawicho en Michoacán. Salió vivo y bien recomendado. Su temeridad en los enfrentamientos sostenidos en Tierra Caliente y su frialdad para cumplir órdenes ya habían llamado la atención de varios líderes pistoleros del CJNG, mismos que le confiaron la tarea de aprender a volar un dron cargado con explosivos dentro de un contenedor de plástico con enormes balines de acero que el Mawicho sujetaba con cinta al dron. "Los aprendí a volar en dos horas —decía con cierta arrogancia—. ¿Sabe por qué aprendí en dos horas? Porque el Comandante Negrito, un comandante ya señor, de unos 45 o 50 años, moreno y de voz bien gruesa, me dijo: 'Mira, mijo, si tú no me aprendes de aquí a mañana al mediodía a volar esta madre, se te va a tablear, ¿eh? Tabliza.

¿Entendido?' '¡Ok, viejón! ¡A la orden! ¡Ya estamos!' Las primeras veces me ponía nervioso de que, imagínese, un chingo de comandantes, todos ahí, viendo cómo ponía esa madre. Había veces que bien pacheco le ponía las aspas al dron, y un día no las pongo bien y cuando lo quiero accionar, que salen volando esas madres. '¡Qué pedo, mi dronero!' Y dos tres gentes, comandantes, decían: '¡Déjenlo! No se preocupe. Está nervioso. Usté hágalo con calma y como lo enseñaron'. Y ya, nadie dijo nada. Todos en silencio. Porque cuando un comandante habla, todos le respetan. Son los viejones, señores de mucho respeto que toda su vida han estado en la maña. Escuché sus historias y todos eran la oveja negra de la familia."

De la Tierra Caliente, el Mawicho y varios de sus compañeros fueron enviados de vuelta a Zapopan. Regresaba satisfecho por haber sobrevivido a la máxima actividad que puede enfrentar un pistolero mexicano y con algunas fotografías de él con *el ajuar* puesto: chaleco táctico, botas, un rifle AR-15 y un arma corta, así como fotos de hombres abatidos. Venía de la guerra. Ya no era ningún recién llegado. Venía de demostrar su capacidad para ser soldado en ese ejército de criminales y, según él, se había lucido. Su regreso a Zapopan fue distinto a cuando llegó la primera vez procedente de la Ciudad de México. Además ya se había hecho la fama de alguien que no sentía temor. "En corto llegué de Michoacán y luego luego los comandantes me decían: 'Vente, vamos a trabajar'. Imagínese, escoltas del señor Mencho que ahorita están con él, porque eran escoltas de su hijo que agarraron, me dicen: '¡Mira, bato! ¡Tú, moreno! ¡Jálate con nosotros!' Con nadie lo hacían así. Les dimos una paliza a unos güeyes. Un güey debía 22 000, otro 2 500 y el otro no vendía nada. Tres semanas llevaba vendiendo material de otro güey. ¡Les dimos una tabliza! La tabla estaba bien ligerita, pero traía clavos hasta el frente y pus al primero, al que debía 22 000, a ese se la rompí: ¡tan tan... pum! No, pus, me puse feliz de que se la rompí. Llegué de Michoacán todo estresado y me puse feliz, dije: ¡Está bueno Zapopan! ¡Me quiero quedar aquí!"

La experiencia que el Mawicho ganó en Michoacán le valió para ser integrado con facilidad a uno de los dos equipos de pistoleros del Grupo Delta cuando regresó a Zapopan. Atrás quedaban los días de ayudante y cuidador de personas secuestradas en casas de seguridad. Ahora él participaría directamente en los secuestros: "Vamos en las camionetas. Hacemos levantones. Levantamos a [personal de la] fiscalía, a jueces, chapulines, gente que vende vicio y todo eso. Cuando nos metemos a reventar una casa, [llevamos] chalecos, arma larga, capucha, tu [arma] corta y entramos como Fiscalía de Guadalajara. Entramos gritando: '¡Fiscalía! ¡Fiscalía!' Nunca decimos que somos del cártel, sino de la fiscalía, y así le hacemos. Y más aparte siempre hay bonos". Esos bonos, según me explicó el Mawicho, eran pagos adicionales a los 4000 pesos semanales que ganan los pistoleros como él en el CJNG. Los bonos se pagan por realizar ataques específicos y son gestionados por los líderes del grupo criminal. En la mayoría de los casos son asesinatos por encargo de rivales y de personas que de alguna forma amenazan el flujo de las actividades delictivas de la organización. Ésas eran las oportunidades que él buscaba para darse a notar como un pistolero temerario y de alto valor. Un matón capaz de emprender acciones armadas tanto en la sierra michoacana como en la zona metropolitana de Guadalajara o incluso en la Ciudad de México, a plena luz del día y dentro de un restaurante de lujo.

En menos de seis meses el Mawicho había cumplido su sueño de convertirse en pistolero y el reconocimiento que ganó lo hacía jactarse de tener un lugar en el cártel. Con firmeza casi militar decía estar "siempre a la orden", dispuesto a moverse a donde lo mandaran. En su nueva vida de criminal de grandes ligas, aceptaba sin reparos estar con su familia por sólo una semana tras siete meses de ausencia. Aun así no había muchas quejas en casa. Después de todo, la violencia armada en la que el Mawicho participaba activamente contribuía a la manutención y economía de su familia compuesta por cinco personas. Pero todo eso lo había convertido en un posible blanco de ataques de grupos contrarios en caso de que se supiera su filiación. Por eso el permiso otorgado por sus jefes en el CJNG para ir a la Ciudad de México durante la última semana de mayo de 2019 lo quería cumplir de forma rigurosa. Se había convertido en *gente de choque*, y al parecer era eficaz. "Si fuera cualquier güey, me dejan aquí —afirmaba seguro de sí—. Pero pus me están chingando también: '¿Vas a regresar, Chilango?' 'Qué pedo, Moreno, ¿sí vas a regresar?' La neta son experiencias que… Siento bonito pero a veces me da miedo, al chile. Si me mandan a Michoacán, pues me voy a tener que ir. Son órdenes y estamos a la orden, ¿me entiende? Pero si uno se queda en Zapopan, que es más ciudad, es más chido. Ocupan un montón de gente para accionar allá y pus saben que a uno se le aloca la caca y lo que le digan."

El Mawicho debía regresar a Jalisco el primer fin de semana de junio de 2019. Además de ser requerido, los 7 000 pesos con los que llegó a pasar unos días con su familia en la Ciudad de México se los acabó en siete días y no planeaba volver a robar. Fue generoso con su gente: dio regalos, salidas a comer a la plaza Forum Buenavista, le compró algo de ropa y unos tenis a su hija y hasta le regaló 500 pesos a una de sus abuelas.

La formación paramilitar y la disciplina a la que estuvo sometido en los meses anteriores lo hacían levantarse temprano, limpiar su casa y recoger la mierda de un perro miniatura llamado Ruperto, al que anteriormente no le hacía el menor caso. Procuraba no tener vicios. Sólo fumaba marihuana y bebía muy poco, si acaso un par de *cerillitos*: una lata de cerveza de 700 mililitros, con el borde embadurnado de una mezcla a base de chile y coronada con medio limón. La había pasado bien. Por fin pudo recargar baterías después de haberlas drenado por completo. Su cerebro necesitaba volver a dormir más de cuatro horas y sentir la tranquilidad de hacerlo sin mantener un ojo abierto. Las punzadas que le martillaban las sienes eran cada vez más intensas y sabía que algo andaba mal con su presión arterial: "No creo que esté bien por todo lo que uno ha hecho. Allá varia gente se mete un susto. Luego ni tomamos agua, ni comemos nada, pus de la adrenalina". Esos malestares sólo los llegó a sentir en uno de sus robos más arriesgados, donde vomitó durante su huida tras una persecución a balazos de la policía en la colonia Valle de Aragón después de haber robado unas computadoras portátiles.

Los meses que acababa de vivir fueron sórdidos, saturados de violencia extrema. El descanso era necesario, pero debía regresar a Zapopan. Necesitaba dinero, y ser un mercenario era la forma más rápida de conseguirlo: "Llegando allá me dan mis 4 000 pesos", decía con desenfado. La rapidez para generar un ingreso económico como pistolero del CJNG, combinado con la sensación de formar parte de un grupo que valoraba sus aptitudes de maleante, eran motivos suficientes para volver a sumergirse de cuerpo entero en el encarnizado mundo de los jóvenes sicarios mexicanos. Ajustarse el chaleco blindado durante sus andanzas criminales a bordo de una camioneta con otros tres o cuatro pistoleros le daba una sensación de poder que en la Ciudad de México nunca había tenido.

En la Ciudad de México estaba desprotegido, pero en Jalisco el Mawicho creía vivir su propio narcocorrido. "Es una forma de vida", me decía con un tono que ya le reconocía, mientras me mostraba un video en su celular que le acababan de mandar por WhatsApp. En él, dos jóvenes que decía eran sus compañeros descuartizaban un cuerpo desparramado en el suelo de la sala de una casa, a plena luz del día y al lado de una mesa donde otros más comían. "Así es allá. Luego uno tiene que estar comiendo con las cabezas ahí al lado. Te acostumbras."

Junto con los 16 000 pesos mensuales de sueldo, el Mawicho también ganaba deshumanización y antipatía por la vida ajena, rasgos altamente apreciados en los grupos armados de la delincuencia organizada en México. Pero a cambio de ello perdió la poca paz que él y su familia alguna vez creyeron tener, cuando solamente era un ladrón y un vendedor de droga. En ese entonces su mayor preocupación era que no lo arrestaran tras haber cometido un robo o poder escaparse de alguno de los laxos operativos antinarcóticos de la Secretaría de Seguridad Pública (SSP) en Tepito.

Ahora, en su nuevo presente, el Mawicho vivía las consecuencias de haberse enredado con lo más siniestro del crimen organizado mexicano y se había vuelto un objetivo de cualquier grupo rival del CJNG, que de pronto supiera sus colores. Principalmente la Unión Tepito, grupo al que el CJNG le había matado a varios de sus integrantes destacados, como el Gaznate y el Pulga, a mediados de 2018. Por eso el Mawicho se mantuvo con el perfil más bajo posible. Nada de enseñar tatuajes ni buscar problemas innecesarios, y llegaba a perder la paciencia con las personas cercanas a él por ser poco discretas. Incluso había regañado a una mujer familiar suya que era pretendida por un hombre que vendía droga para la Unión. "El día que trajo al güey ese de la Unión Tepito, que le digo: '¡Vales verga! ¡Puras mamadas!', y empezó a llorar, pero pus es que, carnal, se enoja de que yo… No sabe que en cualquier momento saben algo de mí o cualquier cosa, que soy contra o mamada y media y empiezan a pasarse de verga con la familia, ¿me entiende? Yo me pongo a pensar en todo y [ella] me dice: 'Es que tú eres bien paranoico. Tienes delirio de persecución'."

Y no era para menos. En el mundo del Mawicho las traiciones y los asesinatos son algo de todos los días. Descuidarse podía ponerle una bala en la cabeza si bien le iba. Si lo secuestraban, seguramente lo torturarían y lo harían pedazos. En esos días de mayo de 2019 la furiosa Ciudad de México cerraba la cuenta mensual de homicidios dolosos con un total de 157, lo que convertía ese mes, junto con marzo, en los más violentos del año. En 2019 la capital del país cerró la cuenta con un total de 1 396 asesinatos. Las ejecuciones imparables entre bandas de delincuentes chilangos aumentaban la probabilidad de que el Mawicho fuera atacado por un grupo rival. Eso lo sabía desde antes, pero lo que nunca llegó a dimensionar fueron los niveles de angustia y ansiedad provocados por tanta muerte, tantas traiciones y tanta vileza con los que tuvo que aprender a vivir.

SIENTO QUE ME QUIEREN PONER

En la Ciudad de México, el Mawicho desconfiaba por momentos hasta de su propia sombra. La ansiedad podía instalarse en su mente y carcomer sus pensamientos. Cualquier coche, vendedor de tamales, bicicleta o motocicleta que pasaran por la calle donde estábamos estacionados lo alteraban. Constantemente miraba a ambos lados mientras las palabras le salían a borbotones.

"Yo llegué hace como unos siete días [de Jalisco] y hace como tres le marcaron a un familiar mío policías de investigación. Es que haga de cuenta que a varia gente… He tenido problemas, ¿me entiende? La gente es envidiosa y yo siento que me quieren poner, ¿me entiende? Porque ya voy a acabar lo del Reclusorio Oriente. Ya lo voy a acabar de firmar. Me falta un año, yo creo, a lo mucho. Y del otro pedo que tenía también, di todo falso, no me habían molestado." Esa llamada de supuestos policías de investigación a alguien de su familia le llenaba la mente de conjeturas y de películas que invariablemente terminaban en su tragedia personal.

En los pocos meses de carrera como pistolero, el Mawicho había aprendido intensamente sobre la fragilidad de la vida y sobre cómo ésta se puede extinguir en un instante si alguien *de huevos*, como él, tuviera ganas de matarlo. Las razones eran lo de menos. "El pedo aquí es que ya todos te matan o te traicionan. Aquí se mata por miedo o por envidia. Pero el chiste es cómo tú vivas, cómo tú te balancees. Hago mal a otros, pero hago bien con mi familia, ¿sí me entiende? Todo lo que hago ha sido pa mí y también pa mi familia. Porque no la voy a tirar al bote de basura. ¡La verga! Mi familia tiene que comer. Tenemos que tener un carro y algo, ¿no? Yo sueño con tener un millón, millón y medio y comprar un departamento pa mi hija. He tenido dinero, o sea ya… La neta… en robos me hice como 400 000 varos, 380 000 pesos de puro robo, míos, así, de puro robo. Porque me robé un chingo de tiendas, ¿me entiende? O sea, ya he probado las mieles… el dinero es lo que me vuelve loco y ahora, todo esto, por decir, todo esto, me enseña: Relájate, no seas farol, ahorra. Por decir, ahorita sí me gasté todo porque dije, voy a venir [a la Ciudad de México] y pus me emocioné, carnal. Yo soy así. Me ciego y vale verga. ¡Fum, fum, fum! ¡Agarren todos! ¿Me entiende? A darles lujos, porque pus voy a estar unos días."

El Mawicho creía ciegamente en un supuesto equilibrio de sus acciones. "Todo por mi familia" era el mantra que repetía con fervor, con el empeño de creer que su vida criminal siempre estaba equilibrada, con un fin justificado y que por eso a él no le pasaría nada.

Durante sus días de descanso en la Ciudad de México pudo conciliar mejor el sueño, pero se dio cuenta de que de poco le servía, porque apenas despertaba, la ansiedad se le metía en el estómago y le recorría el flujo sanguíneo para comenzar a bombearle las sienes. Cuando la marihuana se acababa, iba a Tepito sin internarse en su corazón. Le compraba a un amigo suyo a quien por precaución veía a una cuadra del Paseo de la Reforma, justo a la entrada del barrio. Aunque prefería la hierba de alta calidad, él no tenía distinción y compraba lo que había. "Para mí no hay mota culera —decía con un porro gordísimo de *Cali Kush* entre los dedos—. Hasta la más eriza me pone, porque ya cuando uno necesita sentir un poco de calma, este humo te tranquiliza, ¿me entiende? ¿Sí vio ese carrito? Era de la PGJ. No llevaba placas." Mawicho me preguntaba y él mismo se respondía cuando un auto negro pasó circulando lentamente sobre la calle, a un lado de nosotros.

Se mostraba fuerte, dueño de sí mismo, pero a ratos sucumbía a la intranquilidad de sus pensamientos, al miedo de que lo mataran por estar *en la pendeja* o de caer de nuevo en la cárcel. Por nada del mundo quería volver a vivir esa sensación que les recorre el cuerpo a los hombres que pisan por primera vez el área de población de un reclusorio mexicano. Si hay círculos del infierno en la tierra, ése es uno de ellos.

En el Reclusorio Oriente supo lo que era vivir bajo la ley del más fuerte y de cómo entre más criminal, mayor respeto. Vio a los más débiles volverse víctimas instantáneas de la *lacra* dominante, que fluye y se arrastra a placer por cualquier rincón dentro de los penales de la Ciudad de México. Son los extorsionadores que torturan y que amenazan con dañar a familiares en el exterior, o los que abiertamente piden dinero a cambio de no *meterte una putiza* sin que exista custodio que intervenga.

Además, estaba por terminar con las firmas semanales en el Reclusorio Oriente. Ya casi se habían cumplido cinco años desde que un juez le otorgó su libertad a cambio de ir a firmar al penal semanalmente y demostrar que no se metería en problemas con la ley. Sin embargo, gracias a la corrupción en el sistema penitenciario, el Mawicho pagaba sobornos para que su firma apareciera cada semana sin que él estuviera físicamente presente. Sabía cómo moverse dentro del sistema de corrupción judicial de la Ciudad de México, pero eso no le quitaba el miedo colosal de volver a pisar la cárcel. "Me malvibro, carnal. La neta yo les tengo miedo [a los policías] porque pus son culeros, al chile. El pedo es de que casi siempre me han agarrado lacreando, ¿no? Ése es el pedo. Bien torcidote. La neta bien descarado, así. Por eso me da miedo. Como he hecho varias fechorías y les he ganado. Los he burlado cada que juego con la [cara] de pendejo y salgo, y pus ta cabrón porque esos güeyes [los policías] se acuerdan de las caras. Nada más que está culero porque a veces extorsionan a tu familia."

Los días que el Mawicho pasó con sus familiares se extinguieron rápidamente con el fuego de la desconfianza y el temor a ser descubierto por alguna persona afín a la Unión Tepito. Cualquier *borrega* podía delatar su ubicación y su nueva actividad criminal. Ya un amigo suyo lo había evidenciado en Facebook, por subir una fotografía que él mismo le envió en donde aparecía armado, sin playera, en un lugar despoblado.

"Un güey pensó que andaba muerto y subió una foto mía que yo le mandé", decía sin dar mucha importancia. Así fue como se enteró su familia sobre sus nuevas actividades y la mentira de ser mesero en Puerto Vallarta se vino abajo. De esa misma forma se podían enterar los enemigos que le nacieron de la noche a la mañana el día que decidió irse a Jalisco; los contrarios que no dudarían en matarlo o en causar el mayor daño posible a todo su entorno cercano. Si bien pudo regresar de visita a la Ciudad de México, lo hacía como una sombra, incapaz de moverse con libertad por los rumbos que ocho meses atrás caminaba sin tener que cuidarse las espaldas.

El Mawicho le había entregado al Cártel Jalisco Nueva Generación no sólo su capacidad delictiva, sino toda la poca paz mental que le quedaba. Ya ni en Zapopan, que era su oasis de seguridad, tenía calma: "Nadie sale, más que dos personas, y las menos placosas", decía en referencia a los jóvenes con evidente pinta de pistolero. "Yo no puedo salir así, todo tatuado en Zapopan, porque es placa, ¿me entiende? Gorra. Allá las gorras son placa. El cabello, la barba." Descripciones cada vez más alejadas del vetusto arquetipo con el que la Secretaría de la Defensa Nacional (Sedena) viste a un maniquí disfrazado de pistolero en su museo dedicado al narcotráfico. La figura de tamaño real incluye en su vestimenta botas, sombrero, cadenas de oro y cinto piteado.

Para un sicario cuyo grupo armado estaba a más de 550 kilómetros de distancia, siete días en territorio contrario superaban cualquier situación de riesgo y habían sido suficientes. "Me estreso cuando estoy abajo [Ciudad de México], porque aquí me pueden agarrar, ¿me entiende? Está mi familia y yo soy solo." En su ciudad, el Mawicho no tenía respaldo alguno. Debía volver a Jalisco sin importar que esto significara regresar a las torturas y los descuartizamientos.

Después de todo, la vida no paraba y se venía el pago de la renta del próximo mes, la compra de despensa, la luz, pago de celulares. Ser mercenario del CJNG le hacía ganar dinero rápido para cubrir todas esas cosas. Además, estaba convencido más que nunca de "ser la maldad". Un hijo del diablo en la tierra, de quien se hizo ferviente adorador, al grado de dedicarle asesinatos en agradecimiento: "He pedido cosas y no me han quedado mal. En especial el diablo y la Santa Muerte. No me han quedado mal y en agradecimiento, pues, hago cosas. Al diablo le doy sangre. Mato a alguien y le digo que es pa él [risas]. Y así, ¿me entiende? Siempre me encomiendo. Traigo acá mi diablo y mi santo. Les rezo: cuídame y por mi familia y quiero echarle muchas ganas y no va a pasar nada, ¿me entiende?"

Pero sí pasaba. No había rezo al diablo o a la Santa Muerte que le devolvieran un poco de la calma que había perdido. En la Ciudad de México el Mawicho tenía enemigos y estaba absolutamente solo. Durante su visita jamás volvió a enseñar sus tatuajes y no se metió en problemas. Ya la Unión Tepito había extorsionado a su familia anteriormente a petición del Chaparro y estaba convencido de que éste lo mataría en cualquier momento. "Amigos, pus casi no tengo, carnal. Es más, sólo mi familia, porque yo vivo de la traición, de la cagada de la gente, ¿me entiende? Sé quién la va a cagar. Sí, vivo de esa decepción de la gente, porque tarde o temprano la cagan y ya no me pega tanto. Digo: ah, ya sé que la cagó. Pero por decir, el Chaparro. Yo no olvido. Yo soy muy rencoroso. Me dijo mugroso y chucho y eso me molesta. No soy puto. Me siento humillado. Aunque no acá, yo me siento humillado. Siento que debí partirle su madre y robarle todo, pero por algo, ¿no? O sea, pienso las cosas, pero a la mera hora digo ¡vale verga, pa qué no le pegué! ¡Por qué no le di en su puta madre!, ¿me entiende? Ahora sí que sobrevivo. Ya es algo común sobrevivir. Ya no me quejo. Antes tenía mucho eso de quejarme. Ahora ¡la verga! ¿De qué me estoy quejando? ¡No se queje y póngale! Yo pienso, ¿no? Tengo brazos, pies, todo. ¿Qué pasó? ¿Quiere ser gañán? Hágalo bien. ¿Quiere ser perico? Donde quiera tiene que ser verde. Y así, ¿me entiende? Hay miedo, sí. Pero el miedo se quita y el miedo ayuda. Ahorita nada más estoy esperando un mensaje para que me depositen y que me vaya."

LA MAÑA ES MÁS QUE DROGAS, TRAFICANTES Y PISTOLEROS

Le urgía irse. Tepito, la Guerrero, Manuel González, Tlatelolco, incluso el mismo Azcapotzalco, eran terrenos en los que ahora debía extremar precauciones. En Jalisco la ansiedad era un poco menor. La policía del estado no tenía ningún antecedente suyo y hasta ese momento no era buscado por nadie. Según él, los Deltas, la célula armada a la que pertenecía, era un equipo bien entrenado capaz de atacar a personal del gobierno federal sin errores operativos. "Imagínese, yo me vine de Guadalajara y agarramos a unos policías federales que eran chilangos. Andaban bien buscados y el día que yo me fui reventaron la casa. Pero todo bien. Nos avisan cinco minutos antes para salirnos como pedo y no pasa nada. Con eso uno se motiva, la neta."

La impunidad con la que el CJNG realiza secuestros y ejecuciones en la zona metropolitana de Guadalajara lo hacía sentir intocable. Ahora tenía una idea más clara de que las conexiones del cártel venían de muy arriba y que él, en Zapopan, era parte de esa mafia dominante, la que tiene presencia en la política y en la policía, lo que les permite operar impunemente. Así entendió que detrás de los rostros de capos famosos, como el Mencho, están las personas que surcan los cielos del crimen organizado mexicano, lejos de las barrancas, los enfrentamientos y las latas de atún con las que se alimentan los pistoleros en la sierra. Son los hombres y mujeres comúnmente invisibles en el inframundo sicarial mexicano, pero que son igual de criminales, sólo que en la mayoría de esos casos estos delincuentes se camuflan con una placa y un arma otorgadas por alguna institución de justicia, o con un discurso y un partido político, como fue el caso de Rodrigo Vallejo Mora, hijo del exgobernador de Michoacán, Fausto Vallejo Figueroa (PRI, 2012-

2014), que en 2014 fue encarcelado por el delito de encubrimiento y liberado meses después tras el pago de una fianza de 7 000 pesos,[21] luego de darse a conocer un video donde se le veía platicar amenamente sobre asuntos relacionados con el Ejecutivo estatal, con Servando Gómez, la Tuta, exlíder de los Caballeros Templarios. En 2019 Vallejo Mora fue capturado nuevamente y encarcelado en el penal de máxima seguridad número 12 en Ocampo, Guanajuato, acusado de delincuencia organizada.[22]

La misma administración de Silvano Aureoles Conejo (PRD), gobernador de Michoacán de 2015 a 2021, empleó a policías delincuentes desde inicios de su gobierno. Tan sólo un año después de que Aureoles tomó posesión, el periódico *El Financiero* publicó una nota[23] en la que denunciaba la participación de siete "exreos y narcos" en puestos directivos de la Procuraduría General de Justicia del Estado de Michoacán (PGJEM), a los que el gobierno de Silvano Aureoles llegaba a pagar entre 45 000 y 70 000 pesos mensuales.[24] Uno de los siete mandos policiales señalados como delincuentes era el director de investigación en la procuraduría michoacana, Carlos Alberto Cedano Filippini, un excomandante de la desapa-

---

[21] D. M. Pérez, "Detenido el hijo del exgobernador de Michoacán por delincuencia organizada", *El País*, 2019. Consultado el 13 de abril de 2021 en https://elpais.com/internacional/2019/01/27/actualidad/1548548495_779770.html.

[22] Ignacio Alzaga, "Dictan auto de formal prisión a Rodrigo Vallejo", *Milenio*, 2019. Consultado en abril de 2021 en https://www.milenio.com/policia/rodrigo-vallejo-vinculan-proceso-delincuencia-organizada.

[23] "Aureoles pone como directivos en la PGJ a ex reos y narcos", *El Financiero*, 2016. Consultado el 13 de abril de 2021 en https://www.elfinanciero.com.mx/nacional/aureoles-pone-como-directivos-en-la-pgj-a-exreos-narcos/.

[24] "Aureoles da hasta $70 mil a mandos de la PGJ que han sido reos y narcos", *El Financiero*, 2016. Consultado el 13 de abril de 2021 en https://www.elfinanciero.com.mx/nacional/aureoles-da-hasta-70-mil-a-mandos-de-la-pgj-que-han-sido-reos-y-narcos/.

recida Agencia Federal de Investigación (AFI) detenido en 2008 por la DEA en West Covina, California, acusado de crimen organizado y narcotráfico. Según el expediente BA-344339, la Administración para el Control de Drogas (DEA, por sus siglas en inglés) y el Departamento de Policía de Los Ángeles realizaron una investigación que involucró directamente al entonces comandante de la AFI en una conspiración para tráfico de drogas.[25] Durante su detención se le encontró más de medio millón dólares que ni él, ni su esposa, ni su cuñado, ni el policía de investigación Víctor Manuel Juárez Cruz pudieron acreditar. Todos venían huyendo luego de que siete días antes sicarios asesinaran en Mexicali a los comandantes de la AFI Gerardo Durán Treviño y Gerardo Antonio Mendoza Reyes, cuando salían de un restaurante a bordo de una camioneta propiedad de Cedano Filippini.

El comandante estuvo ocho meses preso en Estados Unidos y fue liberado tras pagar una fianza de dos millones de dólares, luego de que él y Juárez Cruz se declararon culpables de los cargos por narcotráfico presentados en su contra por la Fiscalía del Distrito de Los Ángeles.[26]

El 7 de abril de 2009 el comandante Carlos Alberto Cedano Filippini y el policía de investigación Víctor Manuel Juárez Cruz fueron entregados a representantes de la Procuraduría General de la República (PGR) por oficiales del Servicio de Inmigración y Control de Aduanas (ICE, por sus siglas en inglés) en el cruce fron-

---

[25] Antonio Heras, "Fijan fianza de 2 mdd a comandante de AFI capturado en Estados Unidos", *La Jornada*, 2008. Consultado en abril de 2021 en https://www.jornada. com.mx/2008/08/03/index.php?section=politica&article=004n2pol.

[26] U. S. Immigration and Customs Enforcement, ICE repatriates 2 former Mexican federal agents, U.S. Department of Homeland Security, 2009. Consultado en abril de 2021 en https://www.ice.gov/news/releases/ice-repatriates-2-former-mexican-federal-agents.

terizo de San Ysidro. Tres meses después en el Juzgado Primero de
Distrito de Procesos Penales Federales en Nayarit se les dictó auto
de formal prisión a los dos policías por los delitos de enriquecimiento ilícito y operaciones con recursos de procedencia ilícita. En
la averiguación previa UEIORPIFAM/AP/70/2009 se estableció que el
comandante Carlos Alberto Cedano Filippini y el policía de investigación Víctor Manuel Juárez Cruz dieron protección a narcotraficantes durante el tiempo que estuvieron adscritos a la subsede de
la hoy extinta Agencia Federal de Investigación (AFI) en Mexicali,
Baja California.[27]

El poder corruptor de Cedano Filippini y su familia en la
PGR era tan fuerte que cuando salió de prisión fue restituido y
enviado a Michoacán como director regional de seguridad pública a pesar de sus antecedentes criminales. Para octubre de 2014,
por órdenes del oscuro procurador de Michoacán, Martín Godoy
Castro, Carlos Alberto Cedano Filippini llevó en una camioneta
blindada al entonces comandante de la desaparecida Fuerza Rural
y exlíder del grupo autodefensa G-250, Nicolás Sierra Santana,
actual líder de la organización delictiva los Viagras, al municipio
de Sayula, en Jalisco. Ahí Sierra Santana debía sostener una reunión con Nemesio Oseguera Cervantes, para negociar el sometimiento de varios grupos de autodefensas y los Viagras al Cártel
Jalisco Nueva Generación. Así me lo confirmó Sierra Santana, el
Coruco, durante una entrevista que le realicé la noche del miércoles 13 de abril de 2016 en el municipio de Buenavista, en el
corazón de la Tierra Caliente.

---

[27] Notimex, "Dictan formal prisión a exagentes deportados de EU", *El
Informador*, 2009. Consultado en abril de 2021 en https://www.informador.
mx/Mexico/Dictan-formal-prision-a-ex-agentes-deportados-de-
EU-20090704-0011.html.

Dos años después, el nombre del comandante Filippini salió de nuevo a flote en el pantano criminal, ahora por ser identificado como el líder del llamado Cártel del Tabaco,[28] organización delictiva que, según una investigación del periódico *Milenio*, ha amenazado de muerte a dueños de tiendas y distribuidores mayoristas, para que no vendan cigarros de otras marcas que no sean de la empresa Tobacco International Holding (TIH), cuyo dueño, José Guadalupe Varela, fue investigado por narcomenudeo en 2006[29] y de quien Cedano Filippini es presuntamente socio[30] y sus familiares empleados.

Mediante falsos operativos presuntamente orquestados por el comandante Filippini,[31] tenderos de Jalisco, Aguascalientes, Sinaloa, Sonora, Coahuila, Nayarit, Veracruz, Tabasco, Michoacán y Guanajuato han sido víctimas de hombres vestidos de policías que en 364 falsos operativos, la mayoría de ellos en Jalisco, Michoacán y Sonora, han destruido o robado cigarros de otras marcas ajenas a TIH. Los comerciantes no sólo se han enfrentado al despojo de su mercancía, también han recibido intimidaciones y amenazas escritas de sicarios del CJNG, donde ordenan a los dueños de las

---

[28] Carlos Puig y Galia García Palafox, "Cártel del Tabaco: Amenaza de muerte a quien venda otras marcas", *Milenio*, 2018. Consultado el 13 de abril de 2021 en https://www.milenio.com/policia/cartel-tabaco-amenaza-muerte-venda-marcas.

[29] Juan Omar Fierro y Elva Mendoza, "El Cártel del Tabaco se expande de la mano del CJNG", *Proceso*, 2021. Consultado el 14 de abril de 2021 en https://www.proceso.com.mx/nacional/2021/4/12/el-cartel-del-tabaco-se-expande-de-la-mano-del-cjng-261835.html.

[30] Carlos Puig, "Con amparo, líder del Cártel del Tabaco buscó permanecer en PGR", *Milenio*, 2018. Consultado en abril de 2021 en https://www.milenio.com/policia/amparo-lider-cartel-tabaco-busco-permanecer-pgr.

[31] Fierro y Mendoza, *op. cit.*

misceláneas qué marcas no deben vender para evitarse problemas con el cártel.

Los falsos operativos del comandante Filippini y las amenazas e intimidaciones de pistoleros han sido los medios por los cuales el CJNG se ha hecho del monopolio de la venta de cigarros en al menos 10 estados del país donde tienen dominancia, y con esto han logrado introducirse en una industria que en 2019 vendió más de 4 000 millones de dólares en México, según la firma de investigación de mercado global Euromonitor International.[32]

Entre los siete policías delincuentes empleados al comienzo de la gubernatura de Silvano Aureoles también destacaba el fiscal especializado en delitos de alto impacto, Guadalupe Alfredo Becerril Almazán, exdelegado de la PGR en Michoacán, que fue despedido de su cargo[33] luego de que se detectaron irregularidades en la liberación de 43 de los 44 detenidos por la masacre del 6 de enero de 2015 en la ciudad de Apatzingán, donde hubo 16 ejecuciones extrajudiciales[34] y decenas de heridos, incluido Noel Ramírez Estrada, el autodefensa de 18 años a quien seguí por ocho meses en su búsqueda de justicia. Los otros cinco directivos de la fiscalía señalados como delincuentes sumaban acusaciones de tortura, secuestro, extorsión, robo de evidencia y falseamiento de declaración. En el Senado de la República la noticia provocó que el grupo parlamentario del PRI en la LXIII Legislatura presentara un punto de acuerdo en el que pidió al gobernador Silvano

[32] *Ibidem.*
[33] Agencia Quadratín, "Destituyen a delegado de la PGR en Michoacán", *Milenio*, 2015. Consultado en abril de 2021 en https://www.milenio.com/estados/destituyen-a-delegado-de-la-pgr-en-michoacan.
[34] Laura Castellanos, "Fueron los Federales", *Aristegui Noticias*, 2015. Consultado el 13 de abril de 2021 en https://aristeguinoticias.com/1904/mexico/fueron-los-federales/.

Aureoles la implementación de controles de confianza eficaces para impedir la infiltración de personas del crimen organizado en las instituciones de procuración de justicia y de la administración pública de su estado.[35]

Sin embargo, en la sangrienta realidad michoacana, lejos de los formalismos legislativos y las sesiones en el Congreso, más de 800 000[36] personas que hasta el día de hoy habitan en la Tierra Caliente viven las consecuencias de tener políticos y policías al servicio del crimen organizado. Algunos de estos ciudadanos son familiares de víctimas de delitos como desaparición forzada o asesinato y prefieren no denunciar por desconfianza en las autoridades y por las represalias de las organizaciones criminales. Según la Encuesta Nacional de Victimización y Percepción de Seguridad Pública 2020 realizada por el INEGI, ésta es la razón por la que en Michoacán no se investiga 95% de delitos cometidos.[37]

Para los desplazados, los extorsionados, los forzados a tomar un fusil para pelear por un grupo armado, así como para los familiares de personas desaparecidas o asesinadas que cohabitan dentro de ciclo continuo de inseguridad en Tierra Caliente, la violencia de la que son víctimas y la ineficacia judicial de los corruptos servido-

---

[35] Grupo Parlamentario del PRI, LXIII Legislatura, "Punto de acuerdo por el que se exhorta al gobernador del estado de Michoacán, Silvano Aureoles Conejo, para que implemente controles de confianza eficaces que permitan prevenir la infiltración del crimen organizado en las instituciones de procuración de justicia", *Gaceta del Senado de la República*, 2016. Consultado el 13 de abril de 2021 en https://www.senado.gob.mx/64/gaceta_del_senado/documento/65313.

[36] INEGI, Información por entidad, Michoacán de Ocampo, 2021. Consultado en abril de 2021 en http://www.cuentame.inegi.org.mx/monografias/informacion/mich/poblacion/default.aspx?tema=me&e=16.

[37] INEGI, Encuesta Nacional de Victimización y Percepción de Seguridad Pública 2020. Consultado en abril de 2021 en https://www.inegi.org.mx/contenidos/programas/envipe/2020/doc/envipe2020_presentacion_nacional.pdf.

res públicos los han hecho sentirse ciudadanos de menor valor que no son merecedores de justicia, sólo de la sobada condena de hechos y de los emplazamientos políticos inútiles e incapaces de abordar la crisis de derechos humanos que actualmente vive casi un millón de michoacanos. Pero toda esta crisis y toda esta tragedia eran nimiedades para el Mawicho. Ésas eran realidades totalmente alejadas de sus intereses. Lo más importante para él era el dinero y las oportunidades que se imaginaba tener en caso de lograr sus objetivos. "Hay gente que está más arriba aquí en la maña —decía con total claridad—. Es gente más millonaria y pues uno quiere de eso… como que a veces me inspiran a tener un mando. Yo puedo hacer dinero, conozco a un chingo de gente."

JEFE DE SICARIOS

En el CJNG el Mawicho había comenzado como pistolero y a los pocos meses ya se había hecho de aspiraciones firmes para llegar a ser comandante. Tener un mando en el CJNG lo pondría en un nivel más arriba, respaldado directamente por los líderes de la banda en Jalisco y con tareas más arriesgadas. Estaba convencido de que si lograba el apoyo delincuencial suficiente podría llegar a hacer "mucho dinero". "Todos mis sueños se cumplen", me volvía a repetir con una sonrisa, y eso significaba acomodar su vida criminal a su gusto. El primer paso era convertirse en jefe de sicarios. Pero no en algún municipio de la zona metropolitana de Guadalajara o en algún punto de la Tierra Caliente. Lo que quería era exportar la forma de operar que había aprendido en Jalisco a la Ciudad de México. Estaba convencido de que su conocimiento del mundo criminal chilango y sus contactos con la *lacra* eran las cartas que otros no tenían.

Como jefe de una célula de choque del cJNG, el Mawicho tendría que buscar expandirse a punta de sangre y plomo para pelear por el control de la actividad delictiva en la capital, como sucede entre distintas bandas, principalmente la Unión Tepito y la Fuerza Anti Unión. Todo eso significaba más dinero y el riesgo de adquirirlo a cualquier costo no importaba. Desde hacía años el Mawicho se había enamorado del dinero sucio y de la capacidad corruptora de los delincuentes con poder, ahora se dejaba seducir por la figura de autoridad que representaban los comandantes del grupo armado y otros miembros de la organización. En ellos vio la vida que siempre había querido tener y creía con todo su ser que tenía las cualidades para lograrlo: "Yo no soy como los chilangos que llegan allá, chamacos que no tienen disciplina. Andan allá como si fuera aquí [en la Ciudad de México], les vale verga. Yo no, ¿me entiende? Yo soy más tranquilo, más disciplinado. Por eso más me jalan".

El día anterior, el miércoles 29 de mayo de 2019, en un operativo interinstitucional realizado en la alcaldía Venustiano Carranza, la Agencia de Investigación Criminal (AIC), la Secretaría de la Defensa Nacional (Sedena) y la Fiscalía General de la República (FGR) detuvieron a cuatro integrantes del cJNG en tres puntos distintos de la colonia Moctezuma, en la alcaldía Venustiano Carranza, la misma colonia de donde provenía el contacto que reclutó al Mawicho en 2018. Entre los detenidos se encontraba el colombiano John Kevin "N", buscado por la Interpol a petición del gobierno español por delitos contra la salud,[38] así como el supuesto

---

[38] "Detienen en la CDMX a cuatro integrantes del Cártel Jalisco tras cateo en tres casas", *Animal Político*, 2019. Consultado el 14 de abril de 2021 en https://www.animalpolitico.com/2019/05/detienen-cdmx-cuatro-integrantes-cartel-jalisco-cateo-casas/.

jefe de plaza del CJNG en la Ciudad de México, un hombre sin mucha historia de nombre Aldo Jesús "N", el Enano. Según la AIC, el Enano traficaba droga y armas y era considerado un generador de violencia en la zona oriente de la capital. Al parecer, la vacante estaba abierta.

Le pregunté al Mawicho si estaba al tanto de esas detenciones de la colonia Moctezuma y sobre qué complejidades había en traer una célula de choque como las que operan en la zona metropolitana de Guadalajara a la ciudad donde vive el presidente de la República. "De los [hombres] que agarraron, no sé si hayan estado en la guerra, la verdad, pa qué le hablo, ¿no? Pero había un colombiano. Le digo que la empresa también tiene a uno que otro colombiano. El chiste es de que, cómo le explicaré… Aquí [en la Ciudad de México] el cártel no se mete de lleno de lleno, ¿me entiende? Allá andamos con armas, al chilazo, como si nada, y aquí no, ¿me entiende? Nosotros tenemos que levantar gente, meternos a las casas y aquí en dos tres minutos nos llega la verga. Aquí se opera distinto. Tienes que ser inteligente porque aquí hay chingo de cámaras. No tienes que estar dando papaya. No tienes que andar tirando mole. Tantito menos te des a notar. Yo sé trabajar manga larga, cubrebocas… tan-tan-tan, vámonos. Yo puedo hacer dinero. Yo conozco a un chingo de gente y ahorita con esta preparación… O sea, no me siento invencible, en cualquier momento me pueden matar. Pero de mínimo, o sea, para levantar a una gente [sic] no necesito mucha gente. Nomás es la decisión, ¿me entiendes? Cuando veo miedo, de ahí me como a la gente. ¡Qué, hijo de su pinche madre!"

La idea de llevar sus actividades de sicario a la Ciudad de México y operar de forma muy discreta era el plan del Mawicho para estar cerca de su familia. "Tengo que cuidar de todas mis chamacas. Además, mi esposa es bien linda. Ha cambiado un poco, todavía le falla, pero no importa. Nadie es perfecto. Pero ha estado al cien, y veo a mi hija… y digo ya, pero no puedo dejar de ser mujeriego, porque ves que las mujeres son de ay, te quiero, cuídate mucho, ¿me entiende? Me dicen esas cosas y a mí me gusta. Soy callado. Pero siempre ando cuidando a mi esposa y ¿que qué?, ¡chingue a su madre! Sí, ¿no? Hasta eso quién sabe qué tengo que aquí, en su colonia, también está pesada y un día aquí robaron a una amiga de mi hermana, pero a mi hermana no la robaron porque saben que también doy lata, ¿me entiende? El que toca a mi familia…"

El Mawicho quería dejar en claro que en el barrio se le respetaba y que los rateros de la zona preferían guardar distancia. Pero también decía que en el barrio, entre la competencia de jóvenes delincuentes, se le odiaba y envidiaba y se le deseaba lo peor. "Yo tenía una rivalidad con un güey, que es de aquí, de la colonia de mi abuelita. Somos vecinos de antaño. Tiene como 29 o 28 años. Siente envidia porque yo me fui a Tepito. Él es, por su primo. Conectaron a los de la Unión y varias mamadas. Él un día me deseó la cárcel porque cuando traía dos tres motos y acá, que me las prestaban esos güeyes, pus iba al barrio, ya sabe. Un día me dice: 'Ponte verga, mi Mawicha'. Le digo: '¿Por qué?' 'Pus cuando te vayas al Norte.' Así me dijo. Porque me veía en las motos, llegaba a repartir mercancía y ese güey siempre ha sido el del barrio, ¿me entiende?, pero pus no salen de ahí. Y yo sé que se cree la verga. Por eso yo voy solo. Toda la gente siempre me ha traicionado o por decir, por más que diga 'mi carnal', hay veces que veo que pus la gente ve por su conveniencia y está bien, ¿no? Porque pus al chile yo también veo nada más por la mía. Yo soy más así. ¿Está pasando algo? Ni pedo. No es mi pedo, al chile. Sí, era mi amigo, pero no mames, en los momentos difíciles… al chile soy un poquito más así. Hasta la palabra amistad me saca de onda, ¿no? La verdad.

En la cárcel, imagínese yo con toda la gente que he estado desde niño. Son todos una mamada, una patraña. Nada más te buscan cuando tienes dinero, ¿me entiende? Por eso sé quién es real y quién no." Sus palabras retumbaban dentro del coche. De pronto una adolescente salió de uno de los portones que estaban cruzando la calle y se quedó parada en la acera. El Mawicho se apresuró a salir del Mazda y ambos caminaron a la luz del alumbrado público. Ahí se quedaron platicando unos momentos. Parecían una pareja común de jóvenes con el gesto un poco más serio que el de otros chicos de su edad. Ella no pasaba de los 20 años.

Cuando el Mawicho regresó al coche, me explicó que la chica era su esposa y preguntó si no tendría problema en llevarlo a él y a su familia a unas cuadras de ahí, a casa de su abuela, y seguir conversando por allá. Quería ir a despedirse porque al día siguiente partiría de vuelta a Zapopan. Yo accedí a llevarlos. La joven salió a los pocos minutos con una pañalera y con su hija en brazos, vestida impecablemente con un vestido rosa que le hacía resaltar sus ojos rodeados de pestañas enormes y rizadas. El Mawicho la cargó mientras la mamá regresaba a buscar su juego de llaves que no encontraba. Tenían como costumbre dejar todo perfectamente cerrado. En el asiento delantero, el sicario se transformó en un papá joven que cargó, abrazó y cubrió con besos las mejillas de su hija. La niña de año y medio soltaba risas que pusieron una pausa momentánea al rosario de atrocidades contado por su padre.

El Mawicho se abstrajo por un momento en su hija, en su presencia que parecía haberle arrancado la mueca desafiante del rostro. La niña parecía reducir un poco la oscuridad de su padre. "Todo se le da, ¿me entiendes? —decía con brillos de soberbia—. Pero así como todo se le da, yo quiero que no haga mamadas. O sea, poco a poco yo siempre voy a hablar lo que es, ¿me entiende? O sea, nunca le voy a decir pendejadas, ¿me entiende? Que maté... No, no, no. Tarde o temprano va a tener un novio, va a probar las drogas. Puede que sí, ¿verdad? Tarde o temprano pasa todo eso, y qué, y digo mejor, hay que planearlo para que sean ellos conscientes de que a lo mejor la van a probar, pero que se ponga verga y que no se enganche."

Definitivamente, el Mawicho creía tener todo planeado. Desde cómo ser padre de una futura adolescente, hasta cómo hacerse de mucho dinero, un par de negocios, un coche, un departamento y no caer muerto o preso en el intento. Se sentía tan seguro de que su participación en el cártel le haría ganar todo eso, que no se arriesgaría con tentaciones de negocios o robos poco seguros. Incluso llegó a declinar propuestas para hacer algún trato con su exsocio, el otro chico veinteañero al que conocí en la tienda de droga que ambos tenían en el 21 de Jesús Carranza, en Tepito, a principios de 2018. Era la única persona en quien confiaba. "Él ahorita ya tomó un poco de poder acá [en Tepito] y él sabe que ando acá y quiere que le traiga kilos de perico, pero no es fácil, ¿me entiende? Él es de respeto. Derecho como regla el morro, ¿no? Por eso mejor así. Porque es fácil hablar, pero a la mera hora sale algo mal, y yo la tengo más de perder, porque yo trabajo para el cártel, ¿me entiende? Ya son cosas serias."

Su esposa regresó sin llaves y antes de subirse al coche volvió a cargar a su hija. Me saludó cortésmente y acomodó a la niña en su regazo para comenzar a señalar las cosas que ambas veían en la calle por donde circulábamos. Durante el trayecto el Mawicho hablaba con aplomo y con optimismo. Su familia le hacía sacudirse la paranoia por momentos y se expresaba sin tapujos. Decía que estar con la gente con la que estaba no era cualquier cosa, porque muchas de las personas que emplea el CJNG como mercenarios han estado en el Ejército, incluso, según él, algunos se mantienen activos. "Contratan a mucho exmilitar o militares y ¡véame! ¡Yo no soy militar! Pero, pues, chingue su madre. Varios güeyes dicen allá: 'Yo no soy militar, yo soy bandolero, pistolero', así como hablan los de allá.'"

En el camino atravesamos las colonias Cosmo, Prohogar y Victoria de las Democracias, salimos cerca del Walmart de Cuitláhuac y nos metimos en otras calles hasta que desembocamos en una más estrecha en algún lugar de Azcapotzalco, en los límites con el Estado de México, y nos estacionamos detrás de una hilera de coches al fondo de la cuadra. "Aquí me la paso. Casi no salgo. Luego nada más me voy por un toque. Me habían dado dos días de descanso, la neta, y pus ¡ya llevo como 10 días!" Su esposa lo interrumpió de inmediato con una cuenta exacta del tiempo que llevaba en casa: "No es cierto. Llevas siete días", soltó la chica como un leve reclamo. Él sólo contestó que pensaba que había sido más tiempo y como consuelo prometió que sus futuras ausencias no serían tan prolongadas. "Voy a estar regresando más seguido", decía Mawicho con la mirada clavada en la pantalla de su celular mientras le mandaba un mensaje de texto a su abuela para avisar que ya había llegado. "Cada mes, mes y medio, por unos cuatro días a lo mucho voy a venir y después otra vez vas pa'trás y así, hasta que junte un dinerito y a ver qué ponemos. Un puesto de comida por la derecha", decía con desenfado. De sus planes de ascenso en el CJNG prefirió no mencionar nada.

Una mujer delgada, morena, de no más de 60 años, con cabello entrecano y el rostro endurecido, salió de una de las casas que estaban del lado derecho de donde estábamos estacionados y se paró sobre la banqueta, frente a la ventana del Mawicho. "¿Y ahora qué andan haciendo tan noche?", les preguntó a él y a su esposa que seguía con el vidrio abajo y con la niña queriendo brincar por la ventana. La abuela la sacó y la cargó mientras que la joven mamá se despidió y me agradeció el viaje. Después bajó del Mazda y volvió a hacerse cargo de su niña. El Mawicho le explicó a su abuela que venía a despedirse porque de nuevo se marchaba fuera de la ciudad, que ya no se iría por tantos meses y que entraría en un momento a la casa para explicarle mejor. La abuela lo miró con cierta desconfianza, sin decir nada. Se agachó un poco para ver quién conducía el auto y me dio las buenas noches. Después desapareció junto con la familia del Mawicho en el marco de la puerta de una casa sin foco exterior.

En cuanto la puerta se cerró, el Mawicho sacó las sábanas de la bolsa de su pantalón y volvió a rolar otro porro de *Cali Kush* mientras repasaba en voz alta los siguientes movimientos en su vida. De vez en cuando lanzaba miradas a todos lados. En ningún momento dejó de estar atento de su entorno. Tenía la certeza de que seguiría trabajando para el CJNG como hasta ese momento lo había hecho, sólo que ahora deseaba ganar más dinero y tener más poder como jefe de sicarios. Luego, mudaría su grupo a la Ciudad de México para liderar un equipo de asesinos al servicio de la célula del CJNG que ahí continuaba operando.

Al parecer los presuntos integrantes del grupo criminal detenidos en el operativo interinstitucional del día anterior, cuyos rostros fueron difundidos por varios medios de comunicación, no contaban realmente con el peso que las autoridades les habían otorgado. Las aprehensiones de Aldo Jesús "N", el colombiano John Kevin "N", buscado por la Interpol, y un par de cómplices más, no dañaron de forma significativa a la discreta célula del CJNG que operaba en la Ciudad de México, cuyo cabecilla principal no había sido siquiera detectado y se mantenía en la clandestinidad. Ése era el hombre que había reclutado al Mawicho, y era el enlace directo con Julio César Moreno Pinzón, el Tarjetas, jefe criminal en la zona metropolitana de Guadalajara y uno de los operadores delincuenciales más cercanos a Nemesio Osegue-ra Cervantes, el Mencho.[39]

Desde Jalisco, la cúpula del CJNG coordinaba el reclutamiento y los asesinatos por encargo con la célula en la Ciudad de México. Eran los bonos a los que en algún momento se refirió el Mawicho. Aquel jefe del CJNG en la colonia Moctezuma era quien daba el visto bueno a los nuevos aprendices de matón, de torturadores y descuartizadores que serían enviados a algún campo de adiestramiento como al que fue enviado el Mawicho a las afueras de Puerto Vallarta.

"Aquí hay un mando que le dicen el... Se llama Carlos. Ese güey anda con dos rucas. Son sus guardaespaldas. Le hacen chambas y todo. Son sus manos derechas del señor, se podría decir. Como son mujeres, aquí hacen y deshacen." Se trataba de Carlos Fernando Huerta Núñez, el Viejón, un expolicía que en los noventa trabajó en la entonces Procuraduría General de Justicia del Distrito Federal (PGJDF), acusado de robo y secuestro a principios de la década del 2000.[40] El Viejón ahora era el mando principal del CJNG en la capital del país y hasta ese momento se encontraba fuera del radar de las autoridades.

Si el Mawicho continuaba probando su valía y lograba obtener la confianza de sus jefes, tendría la oportunidad de llevar a su equipo de asesinos a la Ciudad de México y comenzar a ejecutar otras acciones delictivas ajenas al CJNG para ganar más dinero.

---

[39] Sara Pantoja, "FGJCDMX traslada a la SEIDO a 'El Viejón', presunto jefe de plaza del CJNG", *Proceso*, 2020. Consultado en abril de 2021 en https://www.proceso.com.mx/nacional/cdmx/2020/2/14/fgjcdmx-traslada-la-seido-el-viejon-presunto-jefe-de-plaza-del-cjng-238537.html.

[40] Iván Ramírez, "Ex policía judicial del D. F., hombre ligado a balacera en plaza Artz y al CJNG", *Milenio*, 2020. Consultado en abril de 2021 en https://www.milenio.com/policia/carlos-fernando-viejon-detenido-plaza-artz-policia-judicial.

Decía con cierta altanería que él se creía capaz de irrumpir en el mundo delincuencial capitalino, de donde un año atrás había salido disparado a punta de las extorsiones de la Unión Tepito y de su mala racha como ladrón. Según él, la diferencia entre su grupo y sus tentativos rivales chilangos era su entrenamiento y experiencia. Ellos eran un grupo de choque paramilitar entrenado que había sostenido enfrentamientos en Tierra Caliente y había participado en desapariciones en toda la zona metropolitana de Guadalajara, donde podían reventar la puerta de la casa de cualquier persona y llevársela impunemente, para después de interrogarla, torturarla, despedazarla y abandonar sus restos en alguna fosa clandestina como las que cubren el estado de Jalisco, sin importar que las víctimas fueran o no parte del mundo de las organizaciones criminales.

"Es la disciplina paramilitar, ¿me entiende? Por eso se tiene tanto dominio, y yo tengo que seguir haciendo la lucha, echándole ganas, que todo salga. Más que nada para la familia. Mi orgullo es que tengo 23 años y sí, me siento verga, porque de mínimo mi familia no está mal, ¿me entiende? Yo no voy a dejar que se mueran de hambre y todo el día estoy pensando en eso, ¿me entiende? Qué voy a hacer y acá. Me llegó una oferta, me marcaron gente [sic] de la cárcel, pero gente que ya lleva unos años: 'Qué onda, ¿quieres trabajar?' Porque ya dos tres me quieren jalar. Es gente de mi círculo, de los de confianza, ¿me entiende? Esa gente también es lacra y todo, tiene palancas, tienen todo. O sea, tengo varia [sic] gente conocida. Es lo que me ayuda. Y soy leal, ¿me entiende? La empresa hace unos días me quería mandar de nuevo a Michoacán, y dije chale, está cabrón. Yo no quería, pero si ésas eran las órdenes, ni pedo. Uno está para cumplirlas. Pero ya me hablaron otra vez y ya me dijeron que yo me quedo a trabajar en Zapopan."

Lealtad, entrenamiento paramilitar, respaldo de la delincuencia organizada y conexiones criminales en la Ciudad de México formaban la combinación con la que el Mawicho planeaba triunfar como maleante. No importaba el precio que tuviera que pagar. Su membresía en el CJNG le significaba ser parte de un monstruo poderoso, que así como podía abrazarlo y hacerlo sentir parte de una familia, era capaz de castigarlo con guadañazos en las nalgas si faltaba a las reglas e incluso podía matarlo si se dormía en una guardia. Estaba dispuesto a regresar a trabajar al lugar que lo mandaran, incluso si eso significaba irse de nuevo con los guerrilleros en Tierra Caliente "donde nada más se echa bala", y donde caer vivo en manos de los pistoleros contrarios significa morir de la misma forma horrenda de la que ya estaba tan familiarizado. Podía ser descuartizado vivo o su corazón extirpado frente a un montón de hombres armados que le pisarían la cara para someterlo, pero eso tampoco le importaba.

Con la misma seguridad y confianza de un orgulloso empleado que expone las metas de su empresa, el Mawicho afirmaba que la guerra en Michoacán es el frente más importante del CJNG en todo el territorio mexicano. La joya de la corona para el Mencho y los Cuinis, por ser su estado natal. "Los hijos del señor le quieren regalar el pueblo donde él se crio y que ahorita es de los Templarios. Quieren que todo Michoacán sea del señor. No importa que se pierdan dos o tres estados, porque él es de ahí, de Aguililla."

El Mawicho se erguía ligeramente cuando hablaba de ser parte de esa supuesta cruzada criminal que comenzó hace dos décadas, y que en pleno siglo XXI empleaba a delincuentes para buscar conquistar pueblos con los pocos seres humanos que aún quedan dentro y "regalarlos" como si fueran corrales con vacas.

Esa noche, la plática con el Mawicho se extendió hasta casi las 11. Acordamos continuar la conversación la mañana siguiente, antes de que se fuera a la Terminal del Norte de regreso a Zapopan. Al despedirme de él, me hizo saber de forma sutil con quién estaba hablando. "Yo sé quién es usted... quién le juega a quién y quién no, ¿me entiende? ¿Usted cree que voy a estar trayendo a cualquier gente aquí?" Hubo silencio. Noté que el dolor de cabeza le regresó a palpitarle las sienes por cómo se presionaba los costados de la cabeza con los dedos. La marihuana se había terminado ya, para calmar esas punzadas mezcladas con ansiedad. En mi estómago se formó un hueco, un vacío interno que me indicaba que desde hacía varias horas el Mawicho me había llevado a la zona más oscura de su mente, donde flotaban culpas junto a los rostros de las personas que había matado y descuartizado. Su mirada cambió, su voz se volvió casi gutural por el humo que le había cerrado la garganta y su vibración se volvió tan densa como su presencia. Una pequeña parte de mí deseaba salir de ahí, pero otra estaba absolutamente fascinada.

MAÑANA DEL VIERNES 31 DE MAYO DE 2019 COLONIA PROHOGAR (UN MES Y 24 DÍAS ANTES DEL ATAQUE EN PLAZA ARTZ)

"Le digo que todavía me paré con dolor de cabeza. Me sentía bien mal. Me acosté con mi abuelita y no podía ni alzar esta pierna. Me estaba punzando aquí [la sien derecha]. Ni me quería parar. Ya hasta que llegó el taxi y nos vinimos para acá. Me quedé hasta soñando cosas. ¿Sabe qué siento? [Siento] que como ya me voy, de tanto acá, tanta envidia acá, algo me pasó, ¿me entiende? Como que me cargué de algo feo. Aparte de tanto estar pensando... Dicen que cuando uno piensa, es por eso que uno se empieza a enfermar, se empiezan a bajar las defensas. Todo ese tipo de cosas.

Y yo así de ¡chale, qué pedo! Neta que no me podía parar. Sentía calentura hasta más no poder. Dolor de cabeza. Y ahorita ya se me está quitando."

Se notaba que había pasado una mala noche. Estaba ojeroso y pálido, con la mente fatigada después de horas de expulsar el recuento brutal de sus actos que desde meses atrás le rondaban el subconsciente. Por eso buscó el abrazo de su abuela. La calma que le otorgaba aquella mujer morena y pequeña era el refugio efímero que el Mawicho necesitaba para continuar caminando en el mundo salvaje en el que había elegido vivir. Ella no tenía la más mínima idea de que su nieto se había convertido en un cruel asesino, en un feminicida capaz de torturar y descuartizar personas dentro de la vorágine que se vive en el conflicto armado entre organizaciones criminales en México.

Su partida a Zapopan era inminente. Sólo esperaba que su comandante le depositara el dinero para comprar el boleto de autobús de regreso a Jalisco, pero en realidad no quería regresar, al menos no en ese momento. "No quisiera irme todavía, ¿no? Siento feo dejar a mi familia. Pero pus no hay de otra, ¿me entiende? No hay más, y pus ya uno qué hace. Toda la noche me dolió la cabeza. Pero así, bien feo. Es mucho estrés. Mucha preocupación. Pero ahí he estado, ora sí que todo bien. Namás espero ahorrar y bye. Mire, yo le doy calma, tiempo al tiempo. Yo no he tenido nada. Soy un morro de casa. En mi familia sólo yo soy la lacra, nadie más, ¿me entiende? Nadie. Ni mi papá; nada más mi papá era un tiro. A pesar de todo es un buen hombre mi padre. Y mi mamá siempre ha trabajado. Ella sola ha salido adelante siempre. Cuando ellos estaban juntos se fueron a Canadá por un año a trabajar. Desde allá nos mantenían. Mi papá hizo muchas cosas bien, nada más que empezó a agarrar el chupe y ya no trabajó. Pero bueno, el chiste es que en el cártel no me dejen abajo porque necesito pagar cosas. Necesito pagar muchas cosas. Debo 5 000 pesos de firmas en el reclusorio." Esa reflexión lo hizo llevarse la mano al bolsillo del pantalón y sacar su celular para revisar si no tenía alguna alerta.

"Ahorita nada más estoy esperando un mensaje para que me depositen y que me vaya. Me voy por mes, mes y medio y regreso con más de 15 000 pesos." Luego, abrió su WhatsApp y comenzó a grabar un mensaje. Su voz tenía un tono que no le había escuchado en todas las veces que lo entrevisté. Era un tono de respeto, de sumisión absoluta: "Hermano, muy buen día. Disculpe las molestias. ¿Sí me va a hacer valer con el depósito? Mi boleto sale hoy a las 2:30 de la tarde a la central nueva de Zapopan. Namás quería avisarle. Buen día y ahí estamos a la orden". La respuesta no tardó más de un minuto: "Va, simón. Mándame el número de cuenta pa mandarte lo del camión. Ya cuando estés acá me repones". Era una voz juvenil, pero dura, seca y sin expresión.

"Él es mi comandante, tiene 23 años. Es la banda. Él es de Puerto Vallarta." De pronto, siguió una cascada de mensajes. Voces de varios hombres con acentos incomprensibles y distintos: "Simón, hermano pa que se jale, porfa". "Ahí te mando 1 000 pesos, ahí te vienes. ¡Acá me los repones, cabrón!" Eran las voces de los pistoleros del Grupo Delta, de Zapopan, que ya le urgían regresar. Mawicho todavía mandó otro mensaje de voz en el que pidió 500 pesos más para comprar marihuana hidropónica en Tepito, porque según él en Jalisco la calidad de la hierba era baja y al CJNG no le interesaba comercializarla. "Lo que la empresa mueve es cristal metanfetamina, cocaína. Yo, antes de irme para Puerto Vallarta, cuando nada más no la hacía, me drogaba y me drogaba. Me estaba aventando ya al último unas piedras. De que ya no la hacía. De que ya no la armaba, pa pronto. Créame que por eso me fui a Vallarta, ¿me entiende? Me he periqueado, pero ahorita no, namás allá en Michoacán. Desde que llegué acá todo bien, pura mota y así me la llevo ahorita. Hay veces que el activo es lo que más me chinga, ¿no? Me gusta mucho. Pero tampoco lo he hecho. Digo, igual un rato. Eso sí, desde chamaco he sido bien activo. Desde los 14, 13 años. Esa madre es para mí como que... pero ahorita no lo he hecho. Fui a Tepito y nada más me tomé unos azules, me fumé unos toques de Califas y ya. El activo me induce al perico. Y ya perico esa madre ni me hace y es cuando me aventaba unas piedras, o últimamente era de que, andaba con... también el ámbito de las mujeres...Y pus, me llegaba la tentación. Fumaban piedra y les decía: 'Aviéntame el humo con la boca'."

Esa mañana fue la última vez que vi al Mawicho en persona. Se despidió de mí y bajó del Mazda para ir por el número de cuenta en el que su comandante de 21 años le depositaría 1 500 pesos para comprar su boleto a Zapopan y un poco de marihuana en Tepito. La logística de su retorno ya había comenzado en Jalisco. Sin embargo, a la mañana siguiente me marcó por teléfono. Me dijo que quería volver a verme, que aún no regresaba a Zapopan y que había cosas que se le había olvidado contarme y que podrían ser de mi interés. Algo no sonaba bien en su insistencia.

Hablé con el doctor Oswaldo Zavala, quien fue mi maestro en el programa Prensa y Democracia en la Universidad Iberoamericana y me sugirió que, de verlo, lo hiciera en un lugar público. Pero no lo hice. El Mawicho sonaba nervioso e insistente como nunca antes. Poco después llegaron las primeras advertencias que se convirtieron en amenazas cada vez más violentas provenientes de números desconocidos y con voces de distintos acentos. Cada una de ellas desató pequeños infiernos que intenté apagar con manuales sobre protocolos de seguridad para periodistas encerrado en mi departamento.

Me reuní con el periodista y abogado Adolfo Gómez Vives —unas de las personas más combativas y solidarias que conozco—

y coincidimos en que no era una buena idea acudir al Mecanismo de Protección para Defensores de Derechos Humanos y Periodistas, por sus conocidas fallas que les han costado la vida a colegas bajo su resguardo. Yo mismo había sido testigo de sus peligrosas fallas cuando sin problema alguno entré al "refugio" de Noel Ramírez Estrada o Alejandro, uno de los sobrevivientes de la masacre de Apatzingán el 6 de enero de 2015, a quien el Mecanismo de Protección había refugiado en un edificio al sur del Eje Central, donde más personas beneficiarias del mecanismo estaban resguardadas y hasta donde pude entrar con Noel Ramírez para que comprobara las carencias en las medidas de seguridad y el mal funcionamiento del botón de pánico verde que se le había asignado. Dos meses después, salí de México con mi familia.

La siguiente vez que vi al Mawicho fue por YouTube, cuatro meses después, el 6 de septiembre, cuando la van blanca que lo trasladó al Reclusorio Oriente en la Ciudad de México era custodiada por tres camionetas Cheyenne con 15 soldados del Ejército mexicano. El Mawicho había caído en Zapopan, luego de cometer uno de los crímenes más emblemáticos que han marcado un paradigma en la seguridad de la Ciudad de México.

Mauricio Hiram Suárez Álvarez, el Mawicho
(Foto: Perfil de WhatsApp)

TERCERA PARTE

La *lacra* israelí

Siete horas antes de que el Mawicho y Esperanza Gutiérrez Rojano asesinaran a los israelíes Alon Azulay y Benjamin Yeshurun Sutchi el 24 de julio de 2019 dentro del restaurante Hunan, en el centro comercial Arzt Pedregal, al sur de la Ciudad de México, el periodista y bloguero Amir Zohar hablaba por teléfono con Benjamin Sutchi dentro del baño de su casa en Tel Aviv. No era la primera vez que lo hacía. Sutchi solía hablar con Zohar desde prisión. Se conocieron años atrás por teléfono gracias a otro interno que le pasó a Ben Sutchi el contacto del reportero israelí, con más de 25 años de experiencia cubriendo la fuente policiaca y el crimen organizado en su país. "Yo estaba a punto de salir a una cita. Acababa de salir de la regadera y en lugar de vestirme escuchaba a Ben Sutchi al otro lado de la línea. Yo estaba un poco molesto porque llegaría tarde a mi cita, pero era Ben Sutchi. Entonces hablamos durante media hora." Amir Zohar aún no se explica esa llamada. "Fue como si Dios me lo hubiera enviado. No sé. Fue muy loco todo eso. Hablé con él unas horas antes de que fuera asesinado, ¿comprende? Nosotros somos judíos. Creemos en Dios."

Zohar es tajante al asegurar que las coincidencias no existen y que un poder mayor lo hizo tomar la llamada y escuchar a Ben Sutchi, pocas horas antes de que el Mawicho y Esperanza Gutiérrez Rojano lo mataran a balazos junto a Alon Azulay. En Israel, ese asesinato sacudió al mundo criminal que ya estaba con las alarmas sonando desde cinco meses atrás, cuando Ben Sutchi salió de prisión en febrero de 2019 tras purgar una condena de 16 años por intento de homicidio. Muchas personas, incluido el propio Zohar, creían que la tensión terminaría en un violento choque entre grupos de la delincuencia organizada, principalmente porque Ben Sutchi arrastraba desde principios de los noventa el odio de la poderosa familia Mosli, una de las organizaciones criminales con más peso en Israel en la actualidad. Su patriarca, Nissim Mosli, ha controlado por años las apuestas clandestinas en el barrio Hatikva, al sur de Tel Aviv, y sus hijos han internacionalizado el negocio.[1]

"Son realmente un imperio —afirma Amir Zohar—. Tienen mucho poder, mucho dinero. Tienen casinos por todas partes del mundo, especialmente en Rumania. En Bucarest son los grandes jefes, así como en Londres y en Turquía. Pero antes, cuando Ben Sutchi era más fuerte que ellos, él les faltó al respeto y se buscó un enorme problema, porque encerró y amarró a uno de los hijos del clan Mosli con el único fin de burlarse de él frente a otras personas. Se decía que Ben Sutchi lo había amarrado y humillado. Después llamó a más gente que se unió a la burla una y

---

[1] Ben Hartman, "Secret State's Witness Brings Arrest of Top Crime Family Heads on Numerous Murder Charges", *The Jerusalem Post*, 2015. Consultado en junio de 2021 en https://www.jpost.com/israel-news/secret-states-witness-brings-arrest-of-top-crime-family-heads-on-numerous-murder-charges-396373.

otra vez. Esto comenzó el conflicto. Así nació la mala sangre, porque eran amigos. Hicieron trabajos juntos. Luego Ben Sutchi fue a dar a la cárcel y en todo ese tiempo los Mosli se volvieron ricos. Cuando salió, la gente estaba esperando una guerra entre las pandillas en el mundo criminal. Había miedo de que la familia Mosli pudiera ir tras Ben Sutchi y que él formara coaliciones contra los Mosli. Esa familia se convirtió en la organización más fuerte de Israel en los últimos 10 años. Por eso, cuando me habló por teléfono unas horas antes de que lo mataran y me dijo: 'Quiero que tú sepas qué fue lo que realmente pasó con los Mosli', pensé: 'Esto es una locura. Esto es de Dios'."

Sin miedo a los problemas

"Ben Sutchi tenía pelotas. Siempre las tuvo y todos en el bajo mundo lo sabíamos." El acento hebreo mezclado con modismos anglófonos estadounidenses hacen que la voz de Lenny the Israeli, como pide que lo llame, se escuche gutural. "¿Sabes qué significa Emmanuel?", me cuestiona Lenny antes de que yo inicie la entrevista. Él mismo responde: "El significado en hebreo es 'Dios con nosotros'. Emmanuel es un nombre muy fuerte. Tus padres te debieron desear mucho". Lenny es un exmiembro de un grupo criminal israelí y expeleador profesional de muay thai. Lenny nació y creció en las calles de Schunat Hatikva, cuna de la mafia israelí. El barrio La Esperanza, como es su traducción al español, es también hogar de personas enfermas de drogadicción, traficantes, prestamistas y sus cobradores capaces de romper piernas y costillas como alguna vez lo hizo Lenny. Sin embargo logró salir del barrio a punta de patadas, rodillazos y codazos ya como peleador profesional de muay thai. Ahora lleva más de 18 años viviendo en Nueva

York, tiene una vida tranquila alejada de la vorágine mafiosa, pero con familiares y amigos que aún se mueven en las sombras del bajo mundo israelí. Por eso no olvida sus raíces criminales ni cómo conoció a Ben Sutchi.

"Ben era un tipo alto. Pasaba el metro ochenta y en aquellos años era alguien que podía intimidarte. La primera vez que lo vi fue en mi dojo de muay thai. Vino con dos o tres muchachos para comenzar a entrenar. A principios de los noventa el muay thai no era tan popular como lo es hoy, ¿sabes? Sólo teníamos dos dojos en Israel. Mi dojo estaba ubicado en una casa rural, una zona desierta en Hatikva, y todos los soldados del crimen organizado comenzaron a gravitar alrededor del dojo. Ahí entrenaban los soldados de la familia Alperon y miembros de pandillas más pequeñas. En uno de los días en los que Ben vino a entrenar, porque él no entrenaba diariamente, como lo hacía yo, lo vi en el vestidor y ya escondía una navaja industrial. Teníamos entre 15 y 16 años."

Lenny the Israeli, recuerda que Ben Sutchi no era muy disciplinado con los entrenamientos de muay thai y que desde muy joven trabajó para organizaciones delictivas importantes cuyos jefes mafiosos eran objetivos prioritarios de la policía israelí y del gobierno de Estados Unidos. Igual que el periodista Amir Zohar, el excobrador afirma que la salida de prisión de Ben Sutchi en febrero de 2019 provocó un terremoto entre los grupos criminales. "Cuando Ben salió de la cárcel, muchas cosas locas comenzaron a pasar en Israel. La gente en seguida pensó que los Mosli se irían tras Ben y que éste se defendería. La gente contrató guardaespaldas, se sentía nerviosa."

Coincidentemente con la salida de prisión de Ben Sutchi a principios de 2019, en el barrio Hatikva, el auto de Uzi Bar Zion y Elad Sardinioff, dos hombres que Lenny asegura eran soldados de la familia Mosli, voló en pedazos con los dos hombres dentro. El periódico *Times of Israel* llegó a relacionar a Sutchi con ese asesina-to.[2] Para Lenny, aquel ataque olía a provocación: "Los volaron exactamente para dar un mensaje. Era como decir: 'Mira, estoy haciendo estallar a tus chicos en tu vecindario'. Esos ataques se dieron cuando Ben salió de prisión y se rumoraba que Ben podría estar detrás de ellos".

Según el reporte de 2020 sobre crimen y seguridad en Israel realizado por el Consejo Asesor de Seguridad en el Exterior[3] (OSAC, por sus siglas en inglés), el Departamento de Estado de Estados Unidos calificó a Jerusalén y Tel Aviv como ciudades de amenaza media. El reporte destaca que para las autoridades judiciales en Tierra Santa la preocupación principal son las familias mafiosas que en 2019 protagonizaron nueve intentos de asesinato, así como siete tiroteos.[4] "Hoy ya no es como antes —se queja Lenny the Israeli—. Antes [los conflictos] se resolvían con honor y respeto, como lo hacía Yehezkel Aslan o Ya'akov Alperon. De frente y sin nadie más. Si tenías problemas con algún Aslan o algún Alperon, ellos mismos lo resolvían. De frente, sin mandar a nadie. Pero hoy ya no es así. Desde aquellos años, varios muchachos israelíes que salieron del ejército con entrenamiento en explosivos nos comenzaron a enseñar a fabricar bombas. Muchos entraban a trabajar con alguna familia y pareciera que les daba comezón el dedo cuando lo tenían en el gatillo. En Israel no es como en México: con las ametralladoras en medio de la calle,

---

2 "Israeli Crime Boss Shot Dead in Mexico Was Underworld 'Legend'", *The Times of Israel*, 2019. Consultado en julio de 2021 en https://www.timesofisrael. com/israeli-crime-boss-shot-dead-in-mexico-was-underworld-legend/.

3 The Overseas Security Advisory Council, Israel, Crime and Safety Report, 2020. Consultado en junio de 2021 en https://www.osac.gov/Country/ Israel/Content/Detail/Report/0bfe962b-aa91-4256-93cf-189a30e70bb9.

4 *Ibidem.*

secuestrar camiones y cosas así. Hoy en día, en el crimen organizado en Israel, estás conduciendo y ¡boom! Tu coche explota y es el final. Estás terminado."

Para Lenny, los tiempos de los últimos patriarcas de familias criminales israelíes a la usanza siciliana han quedado en el olvido. Hoy en día, en las entrañas de la mafia en Tierra Santa los jefes criminales son cada vez más jóvenes y más sanguinarios, sin ningún respeto por la vida de las personas inocentes que se encuentren cerca del lugar en donde se tiene planeado eliminar a sus objetivos.

A finales de los años noventa, durante el tiempo en que Lenny podía romperle las costillas a algún deudor de la familia para la que trabajaba, el pleito añejo de Ben Sutchi con los Mosli era por todos conocido. En el mundo criminal sabían que era una agresión al honor de toda una familia. "Los Mosli eran vecinos míos en Hatikva. Eli Mosli y yo jugábamos en el mismo equipo de futbol. Toda la gente lo supo. Ben secuestró a un Mosli para humillarlo y ellos no olvidaron. Pasaron los años y la familia Mosli se volvió muy poderosa. El rumor que corre entre la gente allá en Israel es que fueron los Mosli los que orquestaron su asesinato en México. Pero Ben también tenía problemas con muchas personas. Ben estuvo involucrado con los gánsteres más importantes de Israel, mafiosos de la vieja escuela, y eso era porque tenía bolas. Cuando era joven fue contratado para hacer algunos trabajos, para dar golpes serios, y lo hizo bien. Por eso era bien recibido en el círculo más alto del crimen organizado israelí. Uno de sus grandes golpes iba dirigido a la familia Aslan. Ben Sutchi había sido contratado para matar a Meny Aslan. Meny era mi amigo. Solía comer en su restaurante casi todos los días. Él ya no está en Israel. Los rumores dicen que ahora vive en Las Vegas."

EL CÓDIGO DEL SILENCIO

En el mundo del crimen organizado israelí, Benjamin Sutchi era un delincuente famoso de pasado violento. Rebasaba el metro ochenta de estatura y tenía una cicatriz gruesa y profunda que le cruzaba la mejilla derecha; bajaba desde la comisura del labio hasta la línea de la mandíbula y volvía a subir hasta casi la mitad de la cara. Imponía. Sin embargo, no sólo fue el conflicto con la familia Mosli lo que le hizo ganar enemigos.

En 1997, a la edad de 23 años, la misma edad que el Mawicho, Sutchi recibió órdenes de asesinar a Meny Aslan, el hijo de Yehezkel Aslan, uno de los líderes criminales más reconocidos en Israel durante la década de los setenta y ochenta. Yehezkel era un mafioso judío iraquí que ya había sobrevivido a un atentado que le destrozó la mandíbula a balazos y quien, como los jefes narcotraficantes mexicanos, era capaz de ganar una base social gracias a los actos caritativos en favor de personas vulnerables que vivían principalmente en el barrio Hatikva. Ahí, además de ser un apreciado benefactor, Yehezkel Aslan también ejercía su poder como juez y árbitro en los problemas del barrio y en las disputas entre otros criminales. Una figura parecida a la de Servando Gómez, la Tuta, cuando era jefe máximo del grupo delictivo Caballeros Templarios en Michoacán, quien además de ser narcotraficante era una especie de líder social que cobraba una comisión para su grupo delincuencial por fungir como intermediario en problemas desde herencias familiares hasta disputas de terrenos ejidales.

Sin embargo, Yehezkel Aslan no terminó en prisión como el delincuente michoacano. Yehezkel terminó asesinado a balazos cuando salía de un restaurante en 1993 a los 43 años. Al igual que en el mundo criminal mexicano, en el judío todo reacomodo dentro del ecosistema delictivo viene acompañado de un baño de sangre, y la familia Aslan estaba dispuesta a derramar la que fuera necesaria para vengar la muerte de su popular patriarca. Su funeral, recuerda Lenny, reunió a centenares de personas.

Las investigaciones de la policía en torno al asesinato comenzaron a apuntar hacia otro líder mafioso que era competencia directa de Yehezkel Aslan. Un judío de ascendencia rumana que decidió lanzarse por el control de todas las actividades delictivas del país y que llegó a ser calificado por la DEA como el Pablo Escobar de Israel: Ze'ev *el Lobo* Rosenstein, uno de los mayores traficantes de éxtasis, a quien los investigadores nunca pudieron comprobarle responsabilidad en el asesinato de Aslan, pero tampoco dudaban en saber que Ze'ev Rosenstein estaba detrás de la ejecución.

Según Lenny, Benjamin Sutchi pertenecía a la organización de Rosenstein y era cercano a él. En 1996 el Lobo, ya encumbrado como el gran mafioso de Israel, fue atacado a balazos por tres sicarios a bordo de un coche después de una noche de fiesta. Lo sorprendieron mientras esperaba el cambio de luz del semáforo en la calle Ibn Gabirol, en Tel Aviv.[5] Ninguno de los impactos puso en peligro su vida. El mismo Rosenstein condujo su auto a un hospital cercano, donde fue atendido.

Tras el ataque, la policía arrestó a tres hombres: Ya'akov Kahlon, Rafi Veitzman e Ilan Aslan, este último hermano de Yehezkel. El intento de venganza falló, y pese a la detención de los tres probables responsables, una especie de *omerta*, el tácito acuerdo entre mafiosos que dicta nunca cooperar con la policía, aun cuando ellos mismos sean víctimas de un crimen, se impuso.

---

[5] Haaretz Service, Roni Singer-Heruti y Ha', "Seven Held for Attempted Murder of Key Underworld Figure", *Haaretz*, 2002. Consultado en junio de 2021 en https://www.haaretz.com/1.5143588.

Ze'ev Rosenstein no presentó cargos y no cooperó con los policías investigadores. Se mantuvo firme al decir que no tenía idea de quién ni por qué querían matarlo, por lo que un juez puso en libertad a Ilan Aslan y a los otros dos detenidos. Pero les duró poco. Ya'akov Kahlon y Rafi Veitzman fueron asesinados unas semanas después, mientras que Ilan Aslan aún permanece desaparecido.

En ese mismo verano de 1996 Shoshana Aslan, viuda del jefe criminal Yehezkel Aslan, regó como pólvora entre el mundo sicarial israelí que pagaría lo que fuera al pistolero que lograra acabar con Ze'ev Rosenstein. Pero sus intentos fueron infructuosos. El 26 de junio de 1996 la mataron de un balazo en la cabeza frente a su hijo de 11 años cuando regresaba del supermercado.[6]

En 1997, un año después del asesinato de Shoshana Aslan, otro de sus hijos planeaba vengar a sus padres: Meny Aslan haría lo que fuera para acabar con el Lobo Rosenstein, pero Benjamin Sutchi ya había recibido la orden de ejecutarlo. Como si fuera una premonición de su propio asesinato 21 años después, Ben Sutchi planeaba atacar a Meny Aslan dentro de un restaurante en Tel Aviv con ayuda de otros pistoleros conocidos como los hermanos Mckayten, pero el atentado fracasó debido a la vigilancia secreta que la policía israelí había puesto sobre Meny Aslan ante los posibles ataques de venganza entre familias criminales. La vigilancia dio resultado y Ben Sutchi así como los hermanos Mckayten fueron detenidos poco antes de cometer el asesinato. Durante los interrogatorios uno de los hermanos negoció con las autoridades y se convirtió en testigo del Estado.[7]

---

[6] Lisa Sweetingham, *Chemical Cowboys*, Ballantine Books-Penguin Random House, Nueva York, 2009.
[7] "Israeli Crime Boss Shot Dead in Mexico Was Underworld 'Legend'", *op. cit.*

Mckayten confirmó el plan de la ejecución y señaló a Benjamin Yeshurun Sutchi, entonces de 23 años, como el principal orquestador del ataque, por lo que fue arrestado y sentenciado a 16 años de prisión por intento de homicidio. Sutchi pudo haber reducido su condena considerablemente si ahora él delataba a la persona que le había ordenado asesinar a Meny Aslan, pero no habló. La *omerta* prevaleció en el joven criminal. Jamás confesó quién le había ordenado matar al hijo de Yehezkel Aslan, el hombre que fue uno de los últimos grandes capos hebreos, cuyo concurrido funeral reflejó su poder a finales del siglo pasado.

Por su silencio, en las entrañas del crimen organizado judío Benjamin Sutchi era un odiado criminal de respeto. "Ben tenía muy buena relación con el Lobo Rosenstein. Era uno de sus hombres de confianza, eran cercanos", afirma Lenny para quitar toda duda de que Sutchi estuvo al servicio de uno de los narcotraficantes más buscados por el gobierno estadounidense desde finales de los noventa y principios de la década del 2000.

Desde prisión, Ben Sutchi siguió el conflicto entre familias mafiosas israelíes gracias a los reportes de la prensa policiaca, varios de ellos escritos por el periodista Amir Zohar. Poco después se fugó. En 2001, en plena guerra de mafias y decomisos de *éxtasis* que le significaban a Ze'ev *el Lobo* Rosenstein pérdidas millonarias, Benjamin Sutchi se fugó de la cárcel de Ayalon en la ciudad de Ramla,[8] gracias a un permiso temporal de salida. Huyó al otro lado del mundo, lejos de los pistoleros de los Mosli, de lo que quedó del clan Aslan y del mismo Rosenstein y de los enemigos que le quedaban en Tierra Santa.

---

[8] Instituto Nacional de Migración, "Destapa ejecución *vendetta* de mafias", 2019. Consultado en agosto de 2021 en https://www.inm.gob.mx/gobmx/word/index.php/destapa-ejecucion-vendetta-de-mafias/.

Benjamin Sutchi se estableció en México, donde operó en el entonces Distrito Federal, gobernado por el actual presidente de México, Andrés Manuel López Obrador. Ahí comenzó a desarrollar conexiones dentro del mundo criminal mexicano. A lo largo del país, las organizaciones de Sinaloa, Juárez y el Golfo eran las dominantes y sus relaciones de colusión con las autoridades de los distintos niveles de gobierno, reconfiguradas por la transición democrática del año 2000, eran cada vez más independientes y violentas. En ese entorno, Ben Sutchi comenzó a traficar cocaína en la colonia Polanco.[9]

La Ciudad de México era uno de los territorios de la organización de los hermanos Beltrán Leyva y, por tanto, zona de operación de Édgar Valdez Villarreal, la Barbie, el narcotraficante mexicano-estadounidense a quien la Subprocuraduría Especializada en Investigación de Delincuencia Organizada (SEIDO) relacionó directamente con Ben Sutchi, luego de que en un cateo a una propiedad vinculada con el llamado caso Wallace se encontró una fotografía donde aparecen ambos criminales departiendo en una discoteca.

Los contactos que Ben Sutchi llegó a establecer con delincuentes prominentes de la época, como la Barbie, también le permitieron gozar de la respectiva protección de las autoridades que hasta ese momento le habían permitido explotar ese lucrativo pedazo de la actual alcaldía Miguel Hidalgo. En México Ben Sutchi también extorsionó a familias acaudaladas de la comunidad judía, a quienes amenazaba con dañar a sus familiares en Israel por medio de

---

[9] Benito Jiménez, "Tejió israelí red criminal en México", *Reforma*, 2019. Consultado en agosto de 2021 en https://www.reforma.com/aplicacioneslibre/preacceso/articulo/default.aspx?__rval=1&urlredirect=https://www.reforma.com/tejio-israeli-red-criminal-en-mexico/ar1731214?referer=--7d6 16165662f3a3a6262623b727a7a7279703b767a783a--.

sus contactos con el crimen organizado en aquel lado del mundo. Se daba la gran vida de mafioso cosmopolita en bares y restaurantes de Polanco, y se iba de fiesta a la discoteca Palladium en Acapulco con la Barbie.

En el mapa criminal mexicano de aquel tiempo, en la frontera con Estados Unidos, Osiel Cárdenas Guillén, jefe del Cártel del Golfo, había sido detenido en marzo dejando a los Zetas sin patrón, lo que provocó su irrupción como la organización criminal más sanguinaria del país. Eran los primeros años del esperado nuevo gobierno de Vicente Fox, que a los 20 días de iniciado ya tenía que dar explicaciones públicas sobre la fuga del Chapo Guzmán del penal de Puente Grande en Jalisco. Benjamin Sutchi llegó a México para continuar con su actividad criminal justo en el momento en el que se comenzaron a vivir cada vez de forma más violenta los conflictos entre los grupos de la delincuencia organizada. México estaba a tres años de iniciar la peor crisis de violencia y de derechos humanos en su historia reciente.

LA TRASCENDENTE CONEXIÓN VENEZUELA

Para inicios de 2004 Benjamin Sutchi y su célula criminal viajaron en febrero al estado Vargas, en Venezuela, hoy conocido como La Guaira, región que en diciembre de 1999 fue escenario del peor desastre natural en la historia venezolana, cuando una serie de deslaves e inundaciones arrasaron con las costas de los estados Vargas, Miranda y Falcón. La célula traficante de Ben Sutchi operó desde el municipio de Caraballeda, en el litoral central venezolano frente al mar Caribe, a 55 kilómetros al norte de Caracas. Parecían turistas. Jóvenes acaudalados en compañía de mujeres atractivas que se hacían pasar por empresarios en búsqueda de establecer una casa de apuestas con el juego de números bingo.[10]

Ben Sutchi lideraba el grupo y era la voz cantante en las negociaciones con narcotraficantes colombianos y venezolanos, en medio de la tensión que generaba la compra de varios kilos de cocaína. En esos tratos hay silencio, en medio de las básculas y del intenso hedor a acetona que puede impregnar la habitación y la ropa en poco tiempo. El producto se lleva, se cala y se pesa. Cada kilo debe ser inspeccionado y revisado su nivel de pureza, mientras que los discretos pistoleros, tanto de clientes como de vendedores, no separan el dedo del gatillo.

En la maña uno nunca sabe. Así sea en Las Vegas, la Ciudad de México o en algún exótico destino en Venezuela, hay *bajadores*, ladrones de narcotraficantes que irrumpen en medio de las transacciones y roban todo, a veces dejando una carnicería a su paso. Pero en el grupo de los israelíes había experiencia criminal y todos tenían clara su función dentro de esa pantalla de respetables hombres de negocios. La célula estaba compuesta por Benjamin Sutchi, quien ingresó a Venezuela con el pasaporte mexicano número 04220001431 a nombre de Carlos Mena Pérez, supuesto comerciante yucateco de 29 años; Hassan Nohan Oler, un sueco-israelí de 29; Yaakov Amsalem, israelí de 26 años que se ocultaba con el nombre de Nima Mehdipour; las mexicanas Karina Verónica Pardavé Díaz y Ángeles Flores Montiel, ambas modelos, de 24 años; así como el policía venezolano Daniel Virgilio Vitanare Gómez, de 46, quien se rentaba como su guardaespaldas.

<hr/>

[10] Juzgado Primero de Primera Instancia Penal, Circuito Judicial Penal del Estado Vargas, Sentencia Definitiva de Absolución, Tribunal Supremo de Justicia de la República Bolivariana de Venezuela, 2004. Consultado en octubre de 2021 en http://historico.tsj.gob.ve/tsj_regiones/decisiones/2004/diciembre/141-14-WP01-P-2004-000196-WP01-P-2004-000196.html.

Pero algo salió mal la tarde del 28 de febrero. Dentro del restaurante Los Tiburones, en Caraballeda, Simón Camacaro Páez, José Wilmer Portúa Gómez y José Chicas Rincón fueron asesinados a balazos. A unas cuadras de ahí, Diego Pérez Henao, el fundador del grupo paramilitar los Rastrojos y enlace para el tráfico de toneladas de cocaína de Abigael González Valencia, el Cuini, del CJNG, fue capturado por policías cuando huía de la escena, sangrando por dos heridas de bala y armado con una pistola. Algo había salido mal entre Pérez Henao y los tres hombres muertos que acabaron tirados en medio de enormes charcos de sangre. El restaurante pronto se llenó de policías y varios testigos del enfrentamiento dijeron a los agentes del Cuerpo de Investigaciones Científicas Penales y Criminalísticas (CICPC), el principal organismo de investigaciones penales en Venezuela, que habían visto huir a varios pistoleros en un automóvil Chevrolet Corsa color beige.

Mientras una investigación se centró en los asesinados dentro del restaurante, con Pérez Henao como principal sospechoso junto con otro hombre identificado como Jairo José González Salazar, otra pesquisa se centró en la información de los testigos de la balacera. Varias personas indicaron la dirección por donde había huido el Corsa beige y al día siguiente la policía lo encontró dentro del garaje de un edificio de nombre Celtamar I. Ahí los agentes Víctor Figueroa, Dandy Beltrán y Juan Gabriel Angarita, adscritos al CICPC, interrogaron a los conserjes. Ellos les indicaron que el dueño del Corsa era un colombiano que vivía en el octavo piso. Los agentes subieron las escaleras y, sin orden judicial alguna, catearon el departamento 82, donde estaba el colombiano Carlos Caro Bonilla.

Después fueron al estacionamiento y ahí, según lo relatado por los agentes, descubrieron a José Aladino Acedo Villamizar, quien ya estaba dentro del Corsa. Los policías voltearon el auto de cabeza, igual que como hicieron con el departamento, y al levantar la llanta de refacción dieron con tres paquetes de cocaína y 420 000 bolívares en efectivo. José Aladino de inmediato negó que la droga y el dinero fueran suyos y dijo que todo aquello pertenecía a unos israelíes que en ese momento estaban en el restaurante Da Remo, un discreto local de pizzas en la urbanización Caribe, cerca de ahí. Los policías informaron a sus inspectores y a un detective del CICPC, quienes marcharon a la pizzería llevándose a José Aladino para que identificara a los israelíes.

Al llegar al restaurante, Aladino señaló la mesa en la que estaban cuatro hombres, incluido el venezolano Daniel Vitanare, quien resultó ser policía del CICPC adscrito al Departamento de Siniestro. A él, sus colegas le decomisaron una pistola Glock calibre 9 milímetros. El Jeep rojo en el que llegaron Sutchi y su banda a la pizzería Da Remo fue registrado y ahí los inspectores encontraron varios paquetes más de clorhidrato de cocaína ocultos en el tablero y debajo del tapete del asiento del conductor y del copiloto.

Tras la detención, Ben Sutchi se identificó como Carlos Mena Pérez. Con acento hebreo dijo en español ser mexicano, comerciante, nacido en el estado de Yucatán y con residencia en Interlomas, Estado de México. Al preguntarle por su dirección en Venezuela, Sutchi dio la de Caribe Caraballeda 1 apartamento 6 como domicilio actual. Ahí marcharon los policías y sorprendieron a las mexicanas Karina Pardavé y Ángeles Flores Montiel, quienes, ante la estampida de policías, no tuvieron tiempo de esconder una maleta color vino con otros seis paquetes más de cocaína ni los pasaportes de Ben Sutchi a nombre de Carlos Mena Pérez y el de Yaakov Amsalem con el nombre de Nihma Mehdipour.[11]

---

[11] *Ibidem.*

Igual que en el edificio Celtamar 1, la policía irrumpió sin previa orden judicial y arrasó con el departamento donde estaban las mexicanas. Todos fueron detenidos y trasladados a la estación del Cuerpo de Investigaciones. Pero ahí Carlos Caro Bonilla, el hombre que abrió la puerta del departamento en el edificio Celtamar, pidió colaborar con la policía y confesó que en aquel departamento aún había cocaína escondida en el techo del baño. De ese escondite los agentes sacaron seis paquetes más.

Después de los análisis de todos los paquetes incautados en los dos departamentos, en el Corsa beige y en el Jeep rojo, peritos determinaron que la cocaína encontrada a la célula de Ben Sutchi coincidía en 89.9% de pureza, lo que hizo confirmar a la fiscalía del estado Vargas que se trataba de una organización criminal internacional dedicada al tráfico de cocaína. El 3 de marzo de 2004, tres días después de la detención, Ben Sutchi y sus otros dos cómplices ya habían sido ubicados por las autoridades israelíes, quienes se reunieron con la fiscal novena del Ministerio Público del Estado Vargas, la abogada Yuciralay Vera. En esa reunión el cónsul de Israel en Venezuela, Giora Loterstein, así como el teniente coronel Guy Nir, adscrito a la policía de Israel, confirmaron a la fiscal Vera que Carlos Mena Pérez era en realidad Benjimin Yeshurun Sutchi y que Nihma Mehdipour era el nombre falso de Yaakov Amsalem, peligrosos criminales israelíes que junto a Hassan Nohan Oler eran buscados internacionalmente por cargos de intento de asesinato y asesinato.

Ante la plena identificación de sus ciudadanos a unos días de su detención, el gobierno de Israel envió la solicitud de cooperación REF: SUTCHI-1A a la policía venezolana, proveniente de Bogotá y dirigida al comisario jefe Álvaro Vargas. La petición se centraba en que las autoridades judiciales venezolanas garantizaran la custodia de los israelíes durante el curso legal del caso hasta que fueran enviados de regreso a Israel.

Los representantes del gobierno del entonces primer ministro Ariel Sharon enfatizaron que al menos uno de los criminales ya había escapado de una cárcel mexicana.[12] Pero ahí no importaba la diplomacia ni el peso de los cargos ni las pruebas contundentes que sustentaban el delito de tráfico de cocaína y falsificación de documentos. Ahora la banda y su dinero estaban bajo el corrupto sistema de justicia venezolano y usarían todos los recursos para ganar tiempo, buscar la forma de ser liberados y evitar la deportación a Israel, donde Sutchi aún debía 15 años de cárcel y tenía varios asuntos pendientes con la familia Mosli, la familia Aslan y ahora con algún grupo criminal colombiano que lo traicionó y lo hizo perder 20 kilos de cocaína. Para el 29 de marzo, el Tribunal de Control recibió comunicación de la embajada de Israel acreditada ante el gobierno de Hugo Chávez. En ella los diplomáticos judíos optaron por la practicidad que al año siguiente demostrarían en México:

El Estado de Israel quisiera acentuar otra vez que Sutchi y Amsalem presentan un peligro definido y claro. Los dos son criminales buscados por la policía de Israel. Israel coopera con cualquier procedimiento legal que permitirá [*sic*] la vuelta de Sutchi y Amsalem a Israel, para que Sutchi pueda cumplir la sentencia a la cual fue sentenciado, y para que Amsalem pueda ser juzgado por asesinato y por otros crímenes de los cuales fue acusado. En particular, el Esta-

[12] Fiscal Yuciralay Vera, Oficio N° 081-04, Fiscalía Novena del Ministerio Público, Circunscripción Judicial del Estado Vargas, Venezuela, 2004. Consultado en octubre de 2021 en http://historico.tsj.gob.ve/decisiones/scp/Agosto/464-2807-2007-A07-0218.html.

do de Israel cumplirá con cualquier solicitud de parte de la República de Venezuela de otra información relacionada con Sutchi y Amsalem o los crímenes que cometieron. Si Venezuela lo solicita, el Estado de Israel también proporcionará oficiales de la policía israelí para acompañar a Sutchi y Amsalem a Israel y pagará los costos del retorno de esos fugitivos.

Al parecer, ése era el final de Benjamin Sutchi y sus asociados israelíes, todos ellos con claras cuentas pendientes ante la justicia de su país.

Sin embargo, Caracas desairó a Tel Aviv. Tras ocho meses presos y con sus abogados privados disparando apelaciones, el 11 de noviembre del 2004 el juez primero de juicio del estado Vargas, Ambiorix Polanco Pérez, liberó a Ben Sutchi y a toda su banda de traficantes.[13] Su veredicto se basó en argumentos como que el presuntamente falso pasaporte mexicano de Sutchi con número 04220001431 "era auténtico en cuanto a sus dispositivos de seguridad" y que al momento de confiscarlos no estaban siendo usados por los falsos titulares. A las autoridades venezolanas les importó poco el análisis dactiloscópico que comprobó que Carlos Mena Pérez era en realidad el israelí Benjamin Yeshurun Sutchi, fugitivo de la justicia en su país, cuyos funcionarios diplomáticos y judiciales estaban listos para iniciar el proceso de traslado de vuelta a Israel a los tres días de haber sido detenidos.

La liberación de los narcotraficantes causó indignación y molestia en la oficina de la fiscal superior del estado Vargas, Sonia

---

[13] Juzgado Primero de Primera Instancia Penal, Circuito Judicial Penal del Estado Vargas, Sentencia Definitiva, Juzgado Mixto, Tribunal Supremo de Justicia de la República Bolivariana de Venezuela, 2004. Consultado en octubre de 2021 en http://historico.tsj.gob.ve/tsj_regiones/decisiones/2004/diciembre/141-14-WP01-P-2004-000196-WP01-P-2004-000196.html.

Angarita, quien aseguró que la fiscalía había aportado suficientes pruebas para demostrar la responsabilidad de Benjamin Sutchi y su gavilla en el intento de tráfico de 20 kilos de cocaína con 89.9% de pureza, y con un precio al menudeo en aquellos años en Estados Unidos de más de 1 800 000 dólares, según los datos de la Oficina de las Naciones Unidas contra la Droga y el Delito.[14]

De nada sirvió que el gobierno de Hugo Chávez supiera que Ben Sutchi y los otros israelíes eran buscados internacionalmente por tráfico de drogas y homicidio. Las autoridades venezolanas tampoco consideraron a los 30 testigos que llevó la fiscalía, ni al perito grafólogo y otros especialistas que robustecerían la acusación. Todos los imputados fueron liberados, a excepción de los colombianos, que en la operación supuestamente eran los especialistas en preparar las maletas de doble fondo con las que los israelíes y las dos mexicanas transportarían la cocaína. José Aladino Acedo Villamizar y Carlos Caro Bonilla terminaron por autoinculparse. Fueron torturados, amenazados de muerte por policías y condenados a 10 años de prisión[15] al aceptar la responsabilidad completa del negocio fallido de Ben Sutchi y su banda, a quienes les fueron devueltos sus pasaportes.

Sutchi y Karina Pardavé lograron regresar a México, donde siguieron traficando cocaína en la zona de Polanco, mientras que Yaakov Amsalem y Hassan Nohan Oler huyeron a Argentina. Fueron detenidos un año después en Buenos Aires, el 20 de sep-

---

[14] ONUDD, "Informe mundial sobre drogas 2004", Consultado en octubre de 2021 https://www.unodc.org/pdf/WDR_2004/wdr2004_vol2_spanish.pdf.

[15] Juzgado Primero de Primera Instancia Penal, Circuito Judicial Penal del Estado Vargas, Sentencia Definitiva de Absolución, Tribunal Supremo de Justicia de la República Bolivariana de Venezuela, 2004. Consultado en octubre de 2021 en http://historico.tsj.gob.ve/tsj_regiones/decisiones/2004/diciembre/141-14-WP01-P-2004-000196-WP01-P-2004-000196.html.

tiembre de 2005. Nohan Oler fue extraditado a Venezuela, en donde fue acusado de narcotráfico y sentenciado a nueve años de prisión. El poderoso jefe narcoparamilitar Diego Rastrojo fue puesto en libertad luego de que el 14 de marzo de 2004 la Corte de Apelaciones del Circuito Judicial Penal del Estado Vargas revocara la decisión del Juzgado Tercero que acusaba a Pérez Henao de homicidio y portación ilícita de arma de fuego.

La Corte de Apelaciones desestimó el testimonio de los elementos de la Unidad Especial de Patrullaje del estado Vargas, quienes detuvieron armado y herido a Diego Rastrojo el día de la balacera en el restaurante Los Tiburones, donde tres hombres fueron asesinados. Según la corte, no se cumplían los extremos legales exigidos en el ordinal 2.° del artículo 250 del Código Orgánico Procesal Penal[16] para procesar al narcotraficante paramilitar. La fiscalía solicitó una prórroga para ampliar la investigación que aún no contaba con análisis periciales ni declaraciones de testigos. Tampoco se había revisado la posible existencia de antecedentes penales ni los movimientos migratorios de todos los involucrados provenientes de Israel, Venezuela, Colombia y México. Sin embargo, aun con la necesidad de más tiempo para continuar con aquella investigación de narcotráfico internacional, la prórroga fue negada.

El sistema judicial venezolano desestimó la relación directa que había entre los abatidos del restaurante Los Tiburones, el líder paramilitar Diego Pérez Henao y los pistoleros que huyeron después de aquel tiroteo en el Corsa beige, cuyo dueño terminó dela-

---

[16] Corte de Apelaciones del Circuito Judicial Penal del Estado Vargas, Venezuela, Pronunciamiento Judicial. Causa Penal WP01-R-2004-000026, Tribunal Supremo de Justicia República Bolivariana de Venezuela, 2004. Consultado en octubre de 2021 http://historico.tsj.gob.ve/tsj_regiones/decisiones/2004/abril/127-14-WP01-R-2004-000026-WP01-R-2004-000026.html.

tando a la célula traficante de Ben Sutchi y sus 20 kilos de cocaína. Ninguna autoridad venezolana profundizó en la investigación y tampoco alertó a México sobre el impostor israelí que con un supuesto falso pasaporte mexicano había entrado a su país y estaba siendo acusado de narcotráfico.

De regreso en la Ciudad de México, Ben Sutchi disfrutaba de sus últimos meses de esa nueva libertad que el juez Ambiorix Polanco le "regaló" en Venezuela. La Interpol y la policía israelí ya lo habían ubicado en la Ciudad de México, donde parecía intocable gracias a sus poderosos nexos con una facción del Cártel de Sinaloa.

Fue hasta junio de 2012 que el líder paramilitar Diego Pérez Henao quedó detenido seriamente en Venezuela gracias a los cinco millones de dólares de recompensa ofrecidos por el Departamento de Estado de Estados Unidos a quien diera información que condujera a la captura del jefe narcoparamilitar. El gobierno de Hugo Chávez lo entregó a Colombia y en 2013 fue extraditado a Estados Unidos. El 6 de agosto de 2014 la juez federal Patricia Seitz condenó a Pérez Henao a 30 años de prisión por encontrarlo culpable de introducir al país 81 100 kilos de cocaína entre 1994 y 1998.[17] Pérez Henao fue desde principios de la década de 2000 el enlace en Colombia de Abigael González Valencia, la cabeza financiera del CJNG para la compra de toneladas de cocaína, además de haber sido el medio por el cual entre 2010 y 2012 llegaron cuatro excombatientes guerrilleros colombianos a México para entrenar a los Mata Zetas, el monstruo de mil cabezas hoy llamado Cártel Jalisco Nueva Generación.

---

[17] U. S. Attorney's Office, "Colombian Narcotics Kingpin Sentenced to 360 Months in Prison", FBI, 2014. Consultado en noviembre de 2021 en https://www.fbi.gov/contact-us/field-offices/miami/news/press-releases/colombian-narcotics-kingpin-sentenced-to-360-months-in-prison.

A LA CAZA DEL MITOLÓGICO
"EXAGENTE DEL MOSSAD"

El escándalo de la liberación de Ben Sutchi y su banda de traficantes de cocaína en noviembre de 2004 fue opacado por el anuncio del Consejo Nacional Electoral de Venezuela que daba a conocer el resultado final de la revisión de las firmas para convocar el Referendo Revocatorio de Mandato a Hugo Chávez celebrado a mediados de agosto de ese mismo año. Pero Israel le siguió la pista en México, en donde a pesar de la rispidez y turbulencia en las relaciones políticas entre el gobierno local encabezado por Andrés Manuel López Obrador y el gobierno federal de Vicente Fox, que buscaba desesperadamente su desafuero para entorpecer sus aspiraciones presidenciales en las elecciones de 2006, existían mesas de colaboración interinstitucionales que trabajaban en asuntos de seguridad. En estas reuniones de trabajo participaban la Procuraduría General de la República (PGR), la del Distrito Federal (PGJDF), el Centro de Investigación y Seguridad Nacional (Cisen) —hoy Centro Nacional de Inteligencia (CNI)—, las hoy extintas Agencia Federal de Investigación (AFI) y Policía Federal Preventiva (PFP). Fue durante estas reuniones que el Cisen solicitó directamente al entonces subsecretario de Seguridad Pública del Distrito Federal, el abogado Gabriel Regino García, su colaboración para ubicar y detener a Ben Sutchi.

Por medio de una videollamada desde su oficina en el estado de Nuevo León, Gabriel Regino recuerda —una vez más— la historia sobre cómo y por qué el buró de inteligencia del gobierno federal mexicano le pidió a él específicamente su ayuda a mediados de 2005 para capturar a Benjamin Sutchi: "El Cisen nos pidió el apoyo para poder ubicar a una persona que tenía una ficha roja; una orden de detención internacional por parte del Estado de Israel".

En esta ocasión, el exsubdirector Regino ya no repitió el mito que alguna vez creó, según basado en los informes que le había dado el Cisen, acerca de que Benjamin Sutchi, el criminal israelí de carrera, con un paso fugaz y mediocre por el muay thai en su adolescencia, era un "exagente del Mossad",[18] el Instituto de Inteligencia y Operaciones Especiales del Estado israelí, y "una máquina de matar". "El Cisen nos informó que esa persona [Sutchi] estaba cometiendo una gran cantidad de secuestros y amenazas al sector empresarial de la comunidad hebrea en el país y que era un sujeto con redes criminales de consideración. No solamente secuestraba, también cometía fraudes en contra de empresarios y tenía atribulado a gran sector de esa comunidad. El Cisen nos pide ayuda, porque nos dice —eso sí— que [Sutchi] tiene relaciones institucionales que lo protegen. Por eso le piden a la policía capitalina el apoyo que tendría que haber dado, desde luego, una agencia federal." Según el exsecretario Gabriel Regino, el personal del Cisen le explicó que alguien protegía a Ben Sutchi dentro de la AFI, y por esa razón le pasaban a él la información para localizarlo y detenerlo. Al parecer, ninguna autoridad en México había sido previamente alertada por Caracas o Tel Aviv sobre aquel narcotraficante israelí que viajaba con un pasaporte mexicano a nombre de Carlos Mena Pérez y todo su problema de narcotráfico en Vargas, Venezuela. Si algún funcionario del gobierno federal, de la Ciudad de México o la Secretaría de Relaciones Exteriores (SRE) lo supo anteriormente, la información fue reservada porque hasta ahora no

---

[18] Pedro Domínguez, "Israelí asesinado en Artz, un instruido por el Mossad que fue detenido en México", *Milenio*, 2019. Consultado en septiembre de 2021 en https://www.milenio.com/policia/muerto-artz-pedregal-instruido-agencia-inteligencia-israel.

existe registro de nada que impidiera a Ben Sutchi entrar a México después de salir de la cárcel en Venezuela.

En aquel tiempo la extinta AFI era dirigida por Genaro García Luna, el exsecretario de Seguridad Pública federal en el gobierno de Felipe Calderón, actualmente preso en Nueva York acusado de delincuencia organizada, narcotráfico y de recibir sobornos del Cártel de Sinaloa,[19] precisamente cuando era director de la Agencia Federal de Investigación. La protección judicial de la corrupta AFI le permitió a Benjamin Sutchi traficar con cocaína en bares de Polanco y presuntamente cometer secuestros y extorsiones en contra de sus acaudalados e influyentes paisanos.

Gabriel Regino recuerda que con la información provista por el Cisen se comenzó la localización de Sutchi en Polanco. Así, los policías del sector que en aquel momento reforzaban la vigilancia en esa zona por el aumento en los robos de relojes de lujo fueron alertados sobre las características físicas y algo del historial delictivo de Ben Sutchi. Gabriel Regino señala que, para evitar filtraciones, aquel operativo de búsqueda se llevó a cabo en secreto, sin que la Secretaría de Seguridad Pública del Distrito Federal (SSPDF) ni el Cisen le informaran al personal de la AFI sobre la búsqueda del judío durante las mesas de trabajo interinstitucionales.

En esos días de colaboración "secreta", funcionarios del Cisen le explicaron a Gabriel Regino que Ben Sutchi era un impostor que se había hecho pasar por asesor de seguridad, para así obtener información privilegiada de personas acaudaladas a quienes después supuestamente extorsionaba. Según el abogado penalista,

---

[19] *Animal Político*. (2019). Genaro García Luna es detenido en Texas por tráfico de drogas y corrupción. Abril 2022. Consultado en https://www.animalpolitico.com/2019/12/genaro-garcia-luna-detenido-texas-corrupcion-trafico-drogas/.

la presa principal de Sutchi eran los suyos: otros judíos, pero con el poder económico suficiente como para que les hiciera sentido la idea de contar con los servicios de un supuesto "experto en protección" israelí, aunque el portal informativo *Enlace Judío* desmintió esa versión[20] con base "en un documento interno de la comunidad judía de México", en donde se asegura que Ben Sutchi nunca presentó credenciales que lo acreditaran como experto en materia de seguridad e inteligencia y niega rotundamente la responsabilidad de la entrada y establecimiento del criminal en el país durante la primera década de 2000 y después en 2019. De cualquier forma, las autoridades mexicanas permitieron en todo momento el acceso sin complicaciones al territorio nacional a un criminal prófugo, cuyo catálogo delictivo incluía tráfico internacional de cocaína, delincuencia organizada, extorsión e intento de asesinato. Un delincuente profesional, formado en la escuela mafiosa israelí de Ze'ev Rosenstein, de la familia Mosli y la familia Aslan, y que logró mimetizarse en el entorno de la vida social de la colonia Polanco en la Ciudad de México y desde ahí operar con fachadas diversas.

LA DETENCIÓN EN POLANCO

El martes 28 de junio de 2005, siete meses después de evadir mínimo 10 años en una cárcel en Venezuela y dos semanas después de iniciada su búsqueda a espaldas de la AFI, Ben Sutchi fue detenido.

---

[20] "Ben Sutji: ni era del Mossad, ni la comunidad judía en México requirió de sus servicios", *Enlace Judío*, 2019. Consultado en noviembre de 2021 en https://www.enlacejudio.com/2019/08/05/ben-sutji-ni-era-del-mossad-ni-la-comunidad-judia-en-mexico-requirio-de-sus-servicios/.

Cuatro policías del sector Polanco lograron identificarlo cuando circulaba a bordo de un vehículo Cadillac con un chofer y junto a Karina Pardavé. Les marcaron el alto a la altura del cruce de Petrarca con Presidente Masaryk y les pidieron que se identificaran. Ben Sutchi lo hizo con otro documento falso. Esta vez fue una licencia para conducir a nombre de Daniel Zaga, sin que lograra engañar a los cuatro policías. Ante la inminente detención, la supuesta "máquina de matar" judía no intentó desarmar a nadie con alguna técnica espectacular de defensa personal. Tampoco pidió refuerzos a sus "conexiones criminales" para rescatarlo. Nada de eso. Lo único que hizo fue empujar a un policía y salir corriendo, dejando atrás a Karina Pardavé con 43 envoltorios y seis cápsulas con cocaína.[21]

Según el testimonio de los policías que participaron en la detención, Ben Sutchi fue alcanzado y sometido unas cuadras más adelante, a la altura del Parque Lincoln.[22] Gabriel Regino recuerda que tardó 10 minutos en llegar al cruce de Mariano Escobedo y Presidente Masaryk, a donde ya se había desplazado el operativo de la SSPDF con Ben Sutchi dentro de una camioneta Suburban negra. "Los que estábamos ahí nos pusimos un pasamontañas —recuerda Regino—. Llevaba yo la camisa del uniforme, entonces me subo [a la Suburban] y Ben Sutchi, con la mirada bien aguda, viendo siempre quiénes eran los que subían. Entonces, me

[21] Laura Nancy López de Rivera Hinojosa, "Historial delictivo de israelíes asesinados en Artz Pedregal incluye homicidio, narcotráfico y secuestro", *Noticieros Televisa*, 2019. Consultado en septiembre de 2021 en https://noticieros.televisa.com/ultimas-noticias/historial-delictivo-israelies-asesinados-artz-pedregal-incluye-homicidio-narcotrafico-secuestro/.

[22] *En Punto con Denise Maerker*, Televisa, 26 de julio de 2019. Consultado en septiembre de 2021 en https://www.youtube.com/watch?v=y3vSRcNZpDI&t=501s&ab_channel=NoticierosTelevisa.

dirigí a él. Le dije: '¿Cuál es su nombre?' Me dice: 'Ben Sutchi'. '¿Sabe por qué usted está detenido?' Me dice: 'No'. Le dije: 'Bueno, quizá sea un error. Aparentemente usted está siendo buscado por su país'. Y él dijo: 'Eso es falso. Eso es una acusación que no existe'. Le digo: '¿A qué se dedica usted?' Como vio que era yo el que estaba preguntando, obviamente dedujo: éste es algo. De repente bajó su mirada hacia los grados que trae uno aquí, en los hombros. Error mío, ¿no? No haberme cubierto. Pero, en fin. Me dice: 'Yo soy empresario'. 'Ok, eres empresario. Y ¿dónde vives?' Dice: 'Aquí, en Polanco'. '¿Empresario en qué?' En ese momento me dice: '¿Tú qué te vas a ganar con mi detención? ¿Una estrellita más?' Obviamente él ya estaba con las esposas. '¿Entonces de qué te sirve? Tú suéltame, y ahorita te entrego un millón de dólares. Háblale al Koki.' '¿A quién?' 'Al Koki.' Saqué mi Nextel, me acuerdo perfectamente cómo lo abrí y le dije: 'Dame el número'. Y empieza a decirlo y yo le marco. 'Dame el número completo. Éste no está completo. El Koki ¿Quién es Koki? Jorge. ¡Claro! ¡Jorge! ¿Pero Jorge qué? ¿Qué tal si le marco a otro?' Entonces me da el apellido: 'Jorge Kuri'. Le dije: '¡Ah! Kuri. ¿A poco le dicen el Koki?' Se me quedó viendo y me dijo: 'Ya no voy a decir nada'. Captó de inmediato —recuerda Gabriel Regino y continúa con su relato—: Le dije: 'Dame la parte que falta. Faltan dos números'. 'Ya no voy a decir nada'." Al parecer, el perspicaz y corto interrogatorio realizado por el subsecretario de Seguridad Pública del Distrito Federal había logrado "sacarle un nombre" al narcotraficante israelí que en su país se había echado encima una sentencia de más de década y media en prisión por no delatar a quien le ordenó matar al hijo del que fuera el líder mafioso más importante de Israel en los ochenta.

Ahora, dentro de una camioneta de la policía mexicana, y al parecer sin mucha presión, Ben Sutchi implicaba a un empresario que podría pagar un soborno de un millón de dólares a Gabriel Regino para su liberación. Poco después se supo que el Koki era George Khoury Layón, un hombre que en aquellos años era dueño de los antros Chronic Garden en Polanco y El Dóberman en Acapulco y que 18 días después del operativo en el que se capturó a Ben Sutchi comenzó a vivir una serie de detenciones arbitrarias[23] acusado de delitos contra la salud, delincuencia organizada y homicidio, hasta llegar a ser incriminado en el turbio caso Wallace, como miembro de la misma banda que presuntamente secuestró y asesinó a Hugo Alberto Wallace Miranda, el hijo de Isabel Miranda de Wallace, la poderosa presidenta de la organización Alto al Secuestro, a quien se le ha acusado de tortura,[24] así como de fabricar pruebas y culpables en el caso de la desaparición de su hijo, como lo han demostrado ya las investigaciones de los periodistas Guadalupe Lizárraga y Ricardo Raphael.[25]

Después de que Ben Sutchi le mencionara el nombre de Khoury Layón a Gabriel Regino, el subsecretario de la SSPDF bajó de la camioneta y se comunicó con el Cisen para informarles de la detención. El funcionario del Cisen se mostró sorprendido por la prontitud con que la policía del Distrito Federal había dado con el

---

[23] Guadalupe Lizárraga, "George Khoury, víctima de detención arbitraria y tortura, y las nuevas falsas incriminaciones", *Los Angeles Press*, 2019. Consultado en octubre de 2021 en https://www.losangelespress.org/george-khoury-victima-de-detencion-arbitraria-y-tortura-relacionado-de-nuevo-con-el-falso-caso-wallace/.

[24] Guadalupe Lizárraga, "Isabel Miranda de Wallace admite responsabilidad en las torturas de sus inculpados", *Los Angeles Press*, 2019. Consultado en octubre de 2021 en https://www.losangelespress.org/isabel-miranda-de-wallace-admite-responsabilidad-en-las-torturas-de-sus-inculpados/.

[25] Ricardo Raphael, "El falso caso Wallace", *Proceso*, 2018. Consultado en octubre de 2021 en https://www.proceso.com.mx/opinion/2018/11/25/el-falso-caso-wallace-216044.html.

"dolor de cabeza" de la comunidad judía, como se refería Regino a Ben Sutchi, que ahora estaba esposado y con un pie en alguna cárcel israelí. Pese a estar neutralizado se mantenía arrogante y soberbio. Ya había intentado huir y no pasó de unas cuadras. No peleó. No intentó desarmar a ninguno de los cuatro policías a los que les sacaba medio cuerpo. Tampoco llamó a nadie para que lo rescataran de alguna forma peliculesca. Aun así, las autoridades, por prevención o espectáculo, magnificaron las imaginarias cualidades de defensa de un tipo que en realidad no había hecho nada extraordinario para escapar de su arresto.

Sin embargo, la policía capitalina subió el nivel del estado de alarma cuando, por alguna razón no mencionada antes, el Cisen le informó a Gabriel Regino que Ben Sutchi podía quitarse las esposas y desarmar a su gente, cosa que nunca intentó. Aun así, la acción siguió y con ello la mítica construcción del poderoso israelí que era cada vez más imaginado como un personaje de alguna película de Liam Neeson, por completo alejado de la realidad que obligaba a las autoridades a investigar profundamente a ese narcotraficante que se hacía pasar por mexicano, con un pasaporte presuntamente emitido por la Secretaría de Relaciones Exteriores con todos los mecanismos de seguridad y que guardaba relación con uno de los jefes de la organización criminal colombiana del Norte del Valle, proveedora de cocaína de lo que en la actualidad es el CJNG. En vez de eso, se creó un mito.

Gabriel Regino recuerda que un "mando" del Cisen le pidió que se moviera de inmediato de Polanco porque Ben Sutchi era un hombre "muy peligroso" y podían ir a rescatarlo. "¡Él tiene muchas habilidades en temas de confrontación física y manejo de armas!", le decía el funcionario del Cisen al subsecretario de Seguridad Pública. Así pues, para agregar más acción a la escena, Gabriel Regino "pidió refuerzos" y se fueron con Ben Sutchi a las oficinas de la

SSPDF en la calle de Liverpool en la colonia Juárez, a donde poco después arribó personal del Cisen y de la embajada de Israel.

Al llegar a las oficinas, Sutchi fue llevado al auditorio donde la Secretaría de Seguridad Pública, entonces encabezada por el perredista Joel Ortega Cuevas, acostumbraba exhibir ante los medios de comunicación a las personas detenidas, fueran o no culpables. Cuando llegó el personal de la embajada de Israel, Gabriel Regino salió a recibirlos y los encontró en el pasillo estrecho por donde desfiló con Ben Sutchi y una treintena de colaboradores. Al toparse de frente con los funcionarios, uno de los integrantes de la comitiva israelí, a quien Regino recuerda como un hombre musculoso y de baja estatura, sacó un pasamontañas con el que se cubrió el rostro para después quitar a Regino de un empujón, al mismo tiempo que le preguntaba dónde tenían a Ben Sutchi. Gabriel Regino señaló el fondo del auditorio y el pequeño funcionario israelí continuó empujando gente para abrirse paso. Se fue directo a las butacas donde Ben Sutchi estaba de pie custodiado por dos policías. Aún se mantenía soberbio y altivo, pero según Regino, esa actitud desapareció cuando escuchó los gritos en hebreo del funcionario israelí que comenzaron de lejos y terminaron justo en su oído. "Vimos la transformación de Sutchi —recordaría Gabriel Regino en otra entrevista—.[26] Vimos cómo se fue desmoronando hasta quedar sentado en la butaca con las manos en la cabeza. Después fue presentado a los medios."

En las imágenes de aquella presentación[27] se mostró a un séquito de más de 30 personas entre policías y hombres vestidos de

---

[26] Joaquín López-Dóriga. (2019). Entrevista con Gabriel Regino, el hombre que detuvo a Ben Sutchi en 2005. Consultado en: https://www.youtube.com/watch?v=5o75ZW2Fjts&ab_channel=L%C3%B3pez-D%C3%B3riga.

[27] En Punto con Denise Maerker. (2019), programa completo 26 julio 2019. Consultado en: https://www.youtube.com/watch?v=y3vSRcNZpDI&t=287s&ab_channel=Nmas.

civil con Gabriel Regino al frente, escoltando a Ben Sutchi, quien iba esposado, con las manos por detrás de la espalda y sometido de ambos brazos por dos policías con chalecos antibalas, cascos y metralletas. Vestía una camisa blanca y jeans azules. La barba y el corte de cabello a la moda de aquellos años se notaban recientes, mientras que la profunda cicatriz que en algún momento de su vida estuvo a punto de desprenderle parte de la mejilla derecha era lo único que lo hacía ver imponente. Ben Sutchi subió a una tarima, donde fue exhibido con un rostro sin expresión. Ahí, el subsecretario de Seguridad Pública, Gabriel Regino García, informó a la sociedad mexicana que el ciudadano israelí Benjamin Yeshurun Sutchi había sido "ampliamente reconocido como uno de los más buscados por la Interpol en todo el país".[28] Sobre la protección que recibía por parte de la AFI no mencionó absolutamente nada. Mucho menos del escandaloso *affaire* venezolano que sin duda dejaba mal parado al gobierno de México, al Instituto Nacional de Migración y a la Secretaría de Relaciones Exteriores. Por el contrario, aquel día el entonces subsecretario Gabriel Regino afirmó a los medios de comunicación que el 2 de junio de ese año se había recibido una denuncia anónima, la cual alertaba a la policía sobre la presencia de extranjeros que delinquían en la zona de Polanco y que por esa razón la SSP decidió investigar la identidad del sospechoso.

Según la información publicada en el periódico *La Jornada* un día después de la detención,[29] la ficha roja de la Interpol generada

[28] Marco Antonio Coronel, "Detención de Ben Sutchi en 2005", Noticieros Televisa, 2019. Consultado en octubre de 2021 en https://www.youtube.com/watch?v=y3vSRcNZpDI&t=501s&ab_channel=NoticierosTelevisa.

[29] Mirna Servín Vega, "Captura la SSP a israelí buscado por la Interpol", *La Jornada*, 2005. Consultado en octubre de 2021 en https://www.jornada.com.mx/2005/06/29/index.php?section=capital&article=046n2cap.

con la información provista por la policía israelí decía que Sutchi, entonces de 29 años, había sido sentenciado y encarcelado en Israel y que en 2001 obtuvo un permiso para salir por 48 horas de la cárcel y ya no regresó. La nota de *La Jornada* también contribuía a la mitologización de Sutchi, al asegurar que el año anterior había sido arrestado en Venezuela y que había "logrado escapar", cuando en realidad pasó meses preso, con sus abogados apelando en el corrupto sistema de justicia venezolano, hasta que el juez Ambiorix Polanco le concedió la libertad junto a las mexicanas Karina Pardavé Díaz y Ángeles Flores, así como a los israelíes Yaakov Amsalem y Hassan Nohan Oler, la banda con la que Benjamin Sutchi intentó traficar sin éxito 20 kilos de cocaína, haciéndose pasar por mexicano en Venezuela.

Según Gabriel Regino, después de la presentación de Ben Sutchi ante los reporteros, el personal de la embajada de Israel le recomendó extremar precauciones en su custodia, por lo que fue llevado al séptimo piso del edificio de la ssp, en donde irónicamente se hacían en aquel tiempo las investigaciones de corrupción interna de la policía capitalina. Ahí pasó la noche en un catre. Fueron 80 los policías que Gabriel Regino mandó para custodiar el edificio donde pernoctó Sutchi. Incluso el mismo Regino pasó la noche ahí. Las labores de todo un piso se detuvieron por la presencia de un hombre que en realidad no era la amenaza del calibre con el que fue mitificado, pero sí una amenaza que podía exponer la corrupción y la protección policial de la afi y la manera en que se hizo de un pasaporte mexicano con todas las medidas de seguridad que le permitió ser juzgado como mexicano y con el nombre de Carlos Mena Pérez en Vargas, Venezuela.

Al día siguiente, el operativo de la ssp continuó con un despliegue de elementos policiacos, sirenas y cierre de vialidades por donde pasó el convoy que llevaba a Ben Sutchi rumbo a la estación migratoria Las Agujas, en Iztapalapa, una cárcel del Instituto Nacional de Migración (INM) que en 2018 fue señalada por el Mecanismo Nacional de Prevención de la Tortura (MNPT) de la Comisión Nacional de los Derechos Humanos (CNDH) como un lugar plagado de irregularidades que han derivado en la violación a los derechos humanos de extranjeros migrantes que ahí han sido privados de su libertad.[30] En Las Agujas se realizó su registro y trámite de deportación, para después ser conducido a uno de los hangares del Aeropuerto Internacional de la Ciudad de México.

Poco después del mediodía, un avión proveniente de Israel aterrizó y enfiló hacia el hangar donde Gabriel Regino y la custodia policial de Ben Sutchi quedaron impresionados al ver a varios hombres vestidos de traje, sin identificación y con armas largas, que cuando se abrió la escotilla del avión y bajaron la escalera de abordaje tomaron a Ben Sutchi, se subieron con él y cerraron la escotilla. El avión despegó rumbo a Israel a los pocos minutos. México le cumplía con rapidez a Tel Aviv lo que Caracas no le concedió un año antes, cuando las autoridades israelíes le ofrecieron a la fiscal Vera, en Venezuela, el traslado de sus ciudadanos de regreso a Tierra Santa por medio del mismo despliegue logístico que se terminó implementando en México. De nuevo Sutchi caía en manos de la justicia, sólo que esta vez no hubo abogados privados ni algún juez corrupto que lo sacara del encierro después de meses de apelaciones. En menos de 24 horas Benjamín Sutchi, el narcotraficante y pistolero israelí, fue devuelto a Israel, donde pasó los siguientes 14 años en la cárcel de Ma'asiyahu, en la ciudad de Ramle.

[30] CNDH, "Recomienda MNPT al INM atender irregularidades en la estación migratoria 'Las Agujas', que pueden derivar en violaciones a los derechos humanos de las personas migrantes allí alojadas, 2018. Consultado en octubre de 2021 en https://www.cndh.org.mx/sites/default/files/doc/Comunicados/2018/Com_2018_336.pdf.

Diez años después de la deportación de Sutchi, los problemas legales continuaron para su cómplice, la mexicana Karina Verónica Pardavé Díaz, quien se enfrentó a la primera detención emanada de la orden de extradición activa que solicitó la sala de Casación Penal del Tribunal Supremo de Justicia de Venezuela, el 27 de julio de 2015.[31] La solicitud de extradición se concedía 10 años, tres meses y 26 días después de que la Corte de Apelaciones del Circuito Judicial Penal del Estado Vargas anulara la sentencia absolutoria dictada por el juez Ambiorix Polanco Pérez que juzgó a Sutchi como si fuera mexicano.

Pero por absurdo que parezca, el Tribunal Supremo de Justicia venezolano decidió usar la falsa identidad de Ben Sutchi, misma por la que se le acusó de "uso indebido de documento falso", para llevar a cabo su proceso penal y a pesar de que el entonces cónsul de Israel en Venezuela, Giora Loterstein, y el teniente coronel Guy Nir, exjefe de la División de Investigaciones e Inteligencia de la Policía de Israel, habían informado a las autoridades venezolanas sobre la verdadera identidad criminal de Benjamin Sutchi.

Para saber por qué se utilizó esa falsa identidad que lo eximió de futuros cargos con la justicia venezolana, como los que después enfrentaron los otros miembros de su banda, busqué al abogado Ambiorix Polanco vía Twitter para saber su versión del caso. Me pidió que le diera un par de días para darme respuesta, pero nunca la tuve.

Como el resto de los israelíes del grupo, Karina Pardavé terminó escapando. Ella se fue a Europa. Ahí la mujer se escondió en

[31] Doctora Elsa Janet Suárez Moreno, Solicitud de Extradición Activa, Tribunal Supremo de Justicia de Venezuela, 2015. Consultado en noviembre de 2021 en http://historico.tsj.gob.ve/decisiones/scp/octubre/182553-675-301015-2015-E15-432.HTML.

España, donde fue detenida en Madrid en 2015, pero terminó siendo liberada porque las autoridades de ambos países no llegaron a concretar el proceso de extradición iniciado por Venezuela, tal vez porque dentro del caos y corrupción de su sistema de justicia, en 2013, el expediente de la causa penal N° WP01-P2004-000196 que contenía el caso de Ben Sutchi y su banda de narcotraficantes se les extravió. La coordinadora del Archivo Central del Circuito Judicial Penal del Estado Vargas reportó formalmente al Tribunal de Primera Instancia Penal lo sucedido:

> … se realizó inventario que reposan en el archivo central de este Circuito Judicial Penal, correspondiente al Tribunal que usted preside y nos percatamos que no se encontraba físicamente el expediente N° WP01-P2004-000196, desde ese preciso momento se procedió a la búsqueda en los archivos de los otros tribunales que también reposan en este archivo central, se revisó en todos los Despachos del Circuito Penal y en las Oficinas de Alguacilazgo, esa búsqueda se realizó durante varias semanas; luego se comisionó a funcionarios adscritos a este Departamento para que se trasladaran a las oficinas del Archivo Judicial Regional ubicada en C. L. M., donde se realizó una búsqueda minuciosa durante varios días, sin obtener resultados satisfactorios.[32]

Pero el expediente reapareció en 2015 y la ficha roja permaneció activa, por lo que en agosto de 2020 Karina Pardavé volvió a ser detenida, esta vez en Padua, en la plaza Prato della Valle, la

---

[32] Juzgado Primero de Juicio, Circuito Judicial Penal del Estado Vargas, Reconstrucción de expediente, Tribunal Primero de Primera Instancia Penal, 2013. Consultado en octubre de 2021 en https://vlexvenezuela.com/vid/mehdipoor-flores-karina-pardove-diaz-461688002.

plaza más grande de Italia,[33] sin que hasta el momento haya registro de su extradición a Venezuela.

Según el abogado Alí Daniels, doctor en derecho y uno de los directores y fundadores de la asociación civil Acceso a la Justicia, dedicada al monitoreo de la administración e impartición de justicia y el Estado de derecho en Venezuela, otra de las razones por las que la mexicana no ha sido entregada a las autoridades venezolanas podría deberse a que Karina Pardavé haya sido torturada. "El sistema judicial de Venezuela tiene dos caras: la mala y la peor. La peor es la que está vinculada a tortura, a persecuciones de tipo político cuando el Poder Judicial se convierte en un arma de persecución y de violación sistemática y organizada de derechos humanos, por lo cual ahora Venezuela está en la Corte Penal Internacional."

Para Daniels, quien también es catedrático en derecho internacional humanitario en la Universidad Católica Andrés Bello en Caracas, la otra cara de la justicia en su país es la de los delitos ordinarios, en donde los jueces "no son realmente jueces", sino personajes que siguen lealtades ajenas a la impartición ética de justicia. "Las circunscripciones judiciales están coordinadas por un juez que se llama presidente de circuito. Ese presidente de circuito les dice a los jueces qué tienen que hacer, es decir, llama el juez a una persona que recibe órdenes, que no son jueces, y eso es lo que ha ocurrido. La justicia se ha militarizado o piramidalizado, como lo quiera ver. Esto hace que en muchas situaciones, cuando hay dinero de por medio, cuando hay modos de pago de por medio, pues

---

[33] Gabriele Pipia, "Faceva il turista in Prato della Valle, ma era latitante da 15 anni", *Il Gazzettino*, 2020. Consultado en octubre de 2021 en https://www.ilgazzettino.it/nordest/padova/arresto_ricercata_internazionale_padova_prato-5394553.html.

haya decisiones que sean completamente irracionales, que no responden a ninguna lógica."

Un año después de la captura de Karina Pardavé, el 23 de octubre de 2021 el narcotraficante Yaakov Amsalem fue detenido de nuevo, esta vez en Filipinas, y entregado a la justicia australiana en cumplimiento de un proceso de extradición por tráfico de drogas.[34] Sin embargo, pese a que Ben Sutchi había sido identificado como el líder de la banda, Venezuela no lo requirió nuevamente una vez cumplida su sentencia en febrero de 2019. Tampoco se podía esperar que Israel lo entregara si fuera solicitado por el tribunal penal del estado Vargas. Después de todo, Caracas no los entregó ni a él ni a Yaakov Amsalem cuando Tel Aviv los solicitó formalmente en 2004 por medio de su cónsul Giora Loterstein, quien ofreció todo un despliegue logístico de avión y policías israelíes para la extracción de Sutchi de Venezuela que se terminó implementando en México.

En el código penal venezolano el delito de narcotráfico no prescribe. A pesar de ello no hubo órdenes de extradición ni fichas rojas de la Interpol en contra de Ben Sutchi o Carlos Mena Pérez, como también se hacía llamar. El cerebro israelí acusado de intentar traficar 20 kilos de cocaína en suelo venezolano y de portar un supuesto pasaporte mexicano falso para entrar al país, cuando salió de cumplir su condena en Israel en 2019 ya no les debía nada a las autoridades judiciales de la República Bolivariana de Venezuela, a pesar de que desde abril de 2005 la juez Patricia Montiel Madero y el juez Juan Fernando Contreras declararon con lugar la reaprehensión de toda la célula de traficantes, incluido Carlos Mena Pérez, como desde un principio las autoridades

---

[34] Ariel Fernández, "PH Turns Over Israeli to Australia over a Drug Case", *Manila Bulletin*, 2021. Consultado en octubre de 2021 en https://mb.com. ph/2021/10/23/ph-turns-over-israeli-to-australia-over-a-drug-case/.

venezolanas reconocieron a Ben Sutchi, por lo que pudo regresar a México en 2019 sin que ninguna autoridad migratoria se lo impidiera. Tampoco hubo información de parte de alguna oficina diplomática de Israel que advirtiera a las autoridades mexicanas, ya fuera por protocolo o por cortesía, que aquel importante y peligroso criminal judío estrechamente relacionado con el crimen organizado mexicano y colombiano, por quien mandaron un avión para llevarlo de regreso a Israel 14 años atrás, ya había salido de la cárcel, y que su pasaporte estaba vinculado a un vuelo de regreso a México.

En 2005, durante el proceso de captura de Ben Sutchi, sólo dos semanas les bastaron en aquel tiempo a los gobiernos de Vicente Fox y de López Obrador para dar con él y ponerlo a disposición de las prepotentes autoridades israelíes. Dieciséis años después, México no tendría la misma respuesta cuando solicitó a Israel la deportación de Tomás Zerón de Lucio, el extitular de la Agencia de Investigación Criminal (AIC) en el gobierno de Enrique Peña Nieto, escondido en ese país y acusado de tortura, secuestro y manipulación de evidencia en el caso de la desaparición de los 43 estudiantes de la Normal Rural Raúl Isidro Burgos en Ayotzinapa, Guerrero, así como de la malversación de 50 millones de dólares. Un alto funcionario del gobierno israelí dijo al periódico *The New York Times* que ésa era una respuesta al gobierno mexicano por apoyar en Ginebra a la Organización de las Naciones Unidas (ONU) en sus indagatorias sobre las denuncias de crímenes de guerra perpetradas por Israel en contra del pueblo palestino.[35]

---

[35] Ronen Bergman y Óscar López, "Tomás Zerón, buscado por la justicia de México, se refugia en Israel", *The New York Times*, 2021. Consultado en octubre de 2021 en https://www.nytimes.com/es/2021/07/15/espanol/tomas-zeron-israel.html.

De la misma forma en que el Cisen, la ssp y los medios de comunicación crearon al "peligroso israelí exagente del Mossad", que no era más que un escurridizo criminal con protección de funcionarios de la extinta Agencia Federal de Investigación, en los pasados 20 años la narrativa oficial de los gobiernos mexicanos ha creado, nutrido y mantenido versiones épico-románticas del narcotráfico y de sus supuestos "poderosos" capos. Al final, las historias de todos descubren una profunda complicidad política, judicial y ministerial que dista mucho de lo que mitológicamente el Estado y gran parte de la sociedad les han atribuido.

ÚLTIMA PARTE

Así mata el CJNG en el corazón del país

El 20 de julio de 2019 el Mawicho recibió órdenes para trasladarse del estado de Jalisco a la Ciudad de México. Ahí, él y una mujer proveniente de la alcaldía Tláhuac de nombre Esperanza Gutiérrez Rojano recibieron instrucciones para matar a Ben Sutchi en una operación coordinada por WhatsApp, en la que el Cártel Jalisco Nueva Generación (CJNG) empleó a dos grupos de pistoleros y otros cómplices provenientes del municipio de San Pedro Tlaquepaque, en Jalisco, así como del municipio mexiquense de Ecatepec y de las colonias Morelos, Tláhuac y Coyoacán en la Ciudad de México.[1]

El Mawicho aún no cumplía un año como sicario del CJNG y ya había decidido participar directamente en la operación que acabaría con la vida de dos personas en el corazón del país. El asesinato sin duda contaba con las características de esos bonos a los que el Mawicho había hecho referencia meses atrás. Poco después se

---

[1] Abel Barajas, "El ataque del CJNG en plaza Artz, coordinado por WhatsApp", *Reforma*, 2021. Consultado en junio de 2021 en shorturl.at/iACDI.

supo que de los 100 000 pesos que le prometieron pagarle por aquel trabajo sólo cobró 10 000.

La operación para matar a Ben Sutchi era compleja. El mismo Mawicho había reconocido anteriormente lo difícil que sería moverse en la Ciudad de México de la misma forma como se movía con los Deltas en la zona metropolitana de Guadalajara, donde reventaban casas a punta de metralla para secuestrar personas a las que mayormente terminaban matando y descuartizando en algunas de las propiedades que el CJNG tiene esparcidas en varios municipios jaliscienses. "Nosotros tenemos que levantar gente, meternos a las casas y aquí [en la Ciudad de México] en dos tres minutos nos llega la verga, hay chingo de cámaras", había dicho hacía dos meses, cuando me contó su experiencia salvaje como asesino del CJNG.

Ajeno a la violencia que se le venía encima desde el occidente y a menos de dos meses de haber llegado a México, Ben Sutchi disfrutaba del verano en Acapulco[2] como solía hacerlo 15 años atrás, cuando se iba a la discoteca Palladium con varias mujeres y en compañía de Édgar Valdez Villarreal, la Barbie, en esos años el amo y señor del mundo traficante acapulqueño junto con la organización de los hermanos Beltrán Leyva, los sinaloenses afincados en el estado de Morelos y aún socios del Cártel de Sinaloa. El israelí debió sorprenderse. El Acapulco dorado, destino turístico de clase mundial donde se daba la gran vida con los capos que dominaron la vida criminal del puerto durante el gobierno de René Juárez Cisneros (PRI), 14 años después sólo mostraba las consecuencias de la guerra

---

[2] Juan Pablo Becerra-Acosta, "Ben Sutchi entró a México apostando a la ineficiencia de las autoridades", *Milenio*, 2019. Consultado en junio de 2020 en https://www.milenio.com/policia/balacera-artz-pedregal-israeli-ben-sutchi-ingreso-mexico-pasaporte-legal.

entre los grupos que se formaron a raíz de la muerte y caída de aquellos narcotraficantes. Negocios cerrados, locales abandonados y un ambiente de violencia continua resaltada con la presencia de soldados y marinos patrullando con armas largas.

A principios de la década de 2000 las conexiones de Ben Sutchi con líderes criminales afines al Cártel de Sinaloa le permitieron convertirse en un delincuente con influencia. Pero después de su caída en Polanco y a lo largo de década y media de descomposición social y política, las configuraciones criminales y sus relaciones con el poder en México habían cambiado radicalmente. El grupo criminal que lo protegió había desaparecido del mapa delictivo y la protección de la extinta Agencia Federal de Investigación (AFI), que le permitió moverse a sus anchas y que incluso le permitió salir y entrar al país con un pasaporte mexicano, era cosa del pasado. Sus altos mandos, como Genaro García Luna y Luis Cárdenas Palomino, ahora están enfrentando procesos penales, acusados de tener nexos con el Cártel de Sinaloa y por tortura.

En el México de 2019 la violencia llegó a máximos históricos tras más de una década de bestialidad que se volvió la regla entre los grupos armados de la delincuencia organizada, donde "matar ya no es suficiente", como lo ha dicho la antropóloga Rossana Reguillo. Benjamin Sutchi llegó a un México brutal, con 14 699 homicidios a nivel nacional tan sólo en los primeros seis meses de 2019.

En 2005, en el mismo periodo de tiempo, la cifra de homicidios a nivel nacional era de 5 867, según información del Secretariado Ejecutivo del Sistema Nacional de Seguridad Pública. Ese aumento de más de 150% en 14 años hoy se traduce en las crisis de violencia e inseguridad en la que está sumida la mayor parte del país. La escena nocturna de bares y antros exclusivos en la Ciudad de México donde años atrás el israelí movía cocaína en compañía de Karina Pardavé, envueltos en glamour chilango de la colonia

Polanco, hoy está controlada a sangre, plomo y extorsiones por organizaciones como la Unión Tepito.

Municipios del Estado de México y Morelos donde operaban la Barbie y los Beltrán Leyva hoy son territorios divididos entre la Familia Michoacana, el CJNG, los Rojos y grupos delictivos locales. Sin duda, el país no era el mismo que había conocido Ben Sutchi. En la Ciudad de México se instaló en el sur, en un departamento del lujoso edificio B Grand en el Pedregal, a la altura de Televisión Azteca, y llevaba custodia de al menos un escolta armado.

Llegó sin problemas a México entre abril y mayo de 2019 pese a tener una acusación por narcotráfico y falsificación de documentos en Venezuela desde febrero de 2004. Pero no había de qué preocuparse: por alguna razón el Tribunal de Justicia venezolano había preferido llevar el proceso penal en contra de Sutchi con la identidad falsa de Carlos Mena Pérez, "mexicano nacido en Yucatán", a pesar de haber sido identificado por autoridades diplomáticas y judiciales israelíes a pocos días de su detención en Venezuela hacia 14 años. Debido a esto, su verdadera identidad, Benjamin Yeshurun Sutchi, ciudadano israelí de 44 años, aparentemente no tenía cuentas pendientes con la justicia de ningún país y le fue fácil volver. Sus razones son poco claras. Personas cercanas a él en la Ciudad de México e Israel dieron versiones distintas. A Amir Zohar, un amigo de Sutchi le dijo que éste se había involucrado en una negociación para liberar a un *hacker* que había sido secuestrado en México por un grupo delictivo y que un israelí en Estados Unidos que conocía bien el historial criminal de Sutchi fue el que lo contactó para que con sus supuestos vínculos con la delincuencia organizada mexicana interviniera en las negociaciones para liberar al *hacker*.[3]

---

[3] Amir Zohar, "El último arbitraje de Ben Sutchi", *Posta*, 2019. Consultado en marzo de 2021 en https://posta.co.il/article/786543721/.

El periódico *Milenio* también habló de Sutchi y unos piratas cibernéticos[4] cuatro días después de que lo hiciera Amir Zohar en *Posta*, su portal de noticias sobre crimen y violencia en Tierra Santa, sólo que el diario capitalino decía que amistades de Ben Sutchi en México sabían de una supuesta misión para recuperar 23 millones de euros pertenecientes a unos *hackers* que había conocido durante su larga estancia en prisión. "La gente habla, son rumores que suceden en tiempo real", decía Zohar en relación con la fuente cercana a Ben Sutchi con la que él había hablado.

En esos mismos días el periódico *Reforma* publicó una nota[5] en donde se decía, entre otras cosas, que autoridades federales mexicanas habían confirmado que Benjamin Sutchi regresó a México para cobrar una deuda de droga a unos narcotraficantes colombianos. Aquella versión no era un rumor de algún supuesto amigo del judío, sino que tenía sustento en las pruebas documentales que se generaron en el caso penal Nº WP01-P 2004-000196, en donde se acusaba a Ben Sutchi de liderar una banda de narcotraficantes que intentó traficar sin éxito más de 20 kilos de cocaína en el estado Vargas, Venezuela, a finales de febrero de 2004. Droga que le fue incautada a su célula después de que traficantes colombianos lo delataron con la policía venezolana, luego de encontrarles varios paquetes de cocaína en la cajuela del auto que el día anterior había sido utilizado en la huida de los pistoleros que mataron a tres personas en el restaurante Los Tiburones y en donde también había resultado herido el colombiano Diego Pérez Henao, narcotraficante paramilitar del grupo

---

[4] Juan Pablo Becerra-Acosta, "Ben Sutchi entró a México apostando a la ineficiencia de las autoridades", *Milenio*, 2019. Consultado en junio de 2020 en https://www.milenio.com/policia/balacera-artz-pedregal-israeli-ben-sutchi-ingreso-mexico-pasaporte-legal.

[5] Benito Jiménez, Antonio Aranda y Abel Barajas, "Ligan crimen a casinos", *Reforma*, 2019. Consultado en junio de 2020 en https://bit.ly/3LIF1h7.

delictivo del Norte del Valle, en Colombia, y uno de los principales enlaces para la compra de cocaína del traficante michoacano Abigael González Valencia, el Cuini, fundador del CJNG.

Si alguien le debía algo a Ben Sutchi por la droga y el dinero que perdió en Venezuela, sin duda eran colombianos, y si aquel temerario israelí había ido a México a cobrarles viejas deudas, estaría entrando por su propio pie al sórdido entramado de brutalidad ejercido por el CJNG y sus raíces colombianas representadas por líderes como Carlos Andrés Rivera Varela, la Firma, a quien la DEA ubica como originario de la ciudad de Cali en el departamento de Valle del Cauca y como supuesto jefe de plaza en Puerto Vallarta, lugar que ocupó tras la captura del también colombiano Mauricio Varela Reyes, el Manotas, capturado en un operativo comandado por Omar García Harfuch, cuando estaba al frente de la Agencia de Investigación Criminal (ACI).

A Varela Reyes se le acusó del secuestro y muerte de Alfonso Hernández y Octavio Martínez, elementos de la AIC. Junto al Manotas, en el operativo de García Harfuch se detuvo a otros 18 integrantes del CJNG, incluidas cuatro mujeres colombianas.[6] Ése era el calibre delictivo de los jefes sudamericanos del Mawicho, Esperanza y Vanessa Ballar Fallas, la Güera, la mujer con quien Ben Sutchi negociaba desde la semana anterior y a quien volvería a ver en el restaurante Hunan, en la plaza Artz Pedregal, la tarde del miércoles 24 de julio de 2019.

Una de las últimas llamadas telefónicas que ese día hizo el israelí antes de salir rumbo a la reunión con la Güera fue al reportero

---

[6] Redacción de *La Silla Rota*, "Captura de El Manotas, sentencia de muerte contra García Harfuch", 2020. Consultado en julio de 2020 en https://lasillarota.com/estados/captura-del-manotas-la-sentencia-de-muerte-contra-garcia-harfuch/418061.

Amir Zohar. Como si supiera cuál sería su destino, Ben Sutchi le contó al periodista su versión sobre lo que generó el famoso odio perpetuo que la familia Mosli sentía hacia él. Fueron más de 30 minutos en los que Ben Sutchi le resumió "con detalles" lo que había pasado con miembros de esa familia criminal hace casi dos décadas. "Su voz sonaba muy tranquila, muy relajada. Sin nada que mostrara tensión, ¡unas horas antes de que lo mataran! —recuerda Zohar—. Me llamó y en poco más de media hora me contó su versión del problema con los Mosli. Por eso no me importó llegar tarde a mi cita ni quedarme en toalla escuchándolo cuando salí de bañarme. Ésas, mi amigo, no son coincidencias. ¡Son cosas de Dios!", afirma Amir Zohar. Aquel supuesto odio perpetuo de los Mosli fue una de las versiones principales que se manejaron en la prensa nacional e internacional sobre quién había ordenado matar a Benjamín Sutchi.

Lo que nunca nadie revisó fue su determinante paso por Venezuela y su corrupto sistema de justicia.

CIUDAD DE MÉXICO, MIÉRCOLES 24 DE JULIO DE 2019, EL DÍA DEL ATAQUE

La maquinaria mortífera del CJNG se puso en marcha desde las dos de la tarde y la coordinación del asesinato la llevó un hombre apodado el Barbas, desde su celular, por medio del grupo de WhatsApp "Chamba". Desde ahí el Barbas dio instrucciones a cómplices y pistoleros para recoger las armas en una taquería y la distancia en que deberían circular y estacionar los autos en los que viajaban.

Poco antes de las tres de la tarde alertó al grupo: "Cada quien agarre su corta, porfa. No quiero fallas. Cada quien sabe su lugar". Eran las 14:57. En algún lugar cerca de ahí, Ben Sutchi había terminado de contar los detalles de su anacrónico problema con la familia criminal Mosli a Amir Zohar, quien estaba al otro lado del mundo en su casa en Israel. Mientras el tiempo transcurría, la célula del CJNG, compuesta por al menos siete personas, se preparaba para ocupar posiciones afuera de Artz Pedregal, dentro del restaurante Hunan y en la misma mesa donde se irían a sentar Alon Azulay y Ben Sutchi con Vanessa Ballar, la Güera, quien fue el gancho que entregó a los judíos con el Mawicho y Esperanza. A las 16:20, el Barbas volvió a escribir en el grupo: "Todos en sus posiciones, porfa, cerca del restaurante, a las cinco llega el paquete".

La operación que buscó el Mawicho para demostrar que podía tener su propia célula del CJNG en la Ciudad de México, como él mismo decía, se le estaba haciendo realidad. Su tenacidad criminal ahora lo llevaba a un restaurante al que nunca en su vida hubiera pensado ir, con una Glock 9 milímetros escondida y listo para demostrar una vez más su frialdad como asesino junto a una mujer poco ágil, pero igual de letal.

Veintisiete minutos después el Barbas ponía nuevamente a todo el grupo en alerta: "La señora que los va a sentar va de saco negro, largo, pantalón gris a rayas y pelo suelto". Vanessa Ballar entró al Hunan a las 16:51 horas luciendo exactamente como la describió el Barbas. El Mawicho y Esperanza entraron detrás de ella a los pocos minutos y fueron llevados a una mesa. Ya instalados, el Barbas les confirmó la ubicación exacta donde Vanessa Ballar estaba sentada, mientras que otro pistolero, identificado en el chat como Canelo, pidió la presencia de una persona a la salida del restaurante.

Un minuto después de las 17:00 horas el Barbas volvió a escribir: "El amigo llega en cinco minutos. No podemos fallar". Cuando Ben Sutchi llegó junto con Alon Azulay a las 17:06 y se sentaron con la Güera, que ya los esperaba, los dos israelíes estaban rodeados. Al mismo tiempo, en el exterior de Artz Pedregal, el ataque comenzó.

De un auto azul salió un hombre con un rifle AR-15 y de inmediato sometió a los dos policías que vigilaban la entrada de la plaza. El pistolero caminó con soltura hacia el frente, con el rifle arriba, y apuntó a los dos vigilantes, a los que sometió dejándolos a ambos tirados en el piso. Luego realizó disparos al aire. Sin dañar a nadie. Sin disparos nerviosos, sino tiro a tiro, con agilidad y control de toda la situación que se estaba desarrollando. A menos de 20 metros de distancia, su compañero, el conductor del auto azul, lo cubría. Frente a ellos, una patrulla de la policía intentó salir de la escena y de inmediato ambos pistoleros dispararon contra ella. Primero fue el conductor del auto con una pistola, luego, de nueva cuenta, el hombre con el rifle AR-15 caminó apuntando y disparando con cadencia, moviéndose con pequeños y ágiles pasos de un costado al otro, hacia atrás, hasta que la patrulla se estrelló metros más adelante. El pistolero bajó el rifle, se metió al auto y ambos huyeron. Metros más adelante, en el interior de la patrulla, un policía de la Secretaría de Seguridad Pública (SSP) quedó herido en la nuca en condición crítica.

La acción y huida de los sicarios atrajo la atención de muchos elementos de la SSP, que se concentraron en atender a su compañero. El policía fue sacado del vehículo en una camilla en medio de la masa de uniformados que se arremolinaron en el lugar de su rescate.

Dentro del restaurante Hunan, el Mawicho y Esperanza ya se habían cambiado de mesa y la Güera podía verlos de frente. Mientras el caos reinaba en el exterior, el Barbas les dio luz verde al Mawicho y Esperanza para matar a los israelíes. "Ahí mero, apá", escribió a las 17:11. Pero los asesinos no actuaron en seguida. Tomaron su tiempo. Pasaron largos ocho minutos para que la pareja de pistoleros eligiera el momento de levantarse de su mesa.

A las 17:19 el transitado pasillo en medio del salón del restaurante se despejó por un momento de meseros y Esperanza se levantó primero. Con paso decidido, el Mawicho la alcanzó y ambos caminaron al área de fumadores donde estaban los israelíes. El Mawicho ya traía la Glock oculta debajo de una servilleta de tela. A las 17:20 el primero en caer fue Alon Azulay. Nunca vio a sus asesinos. Las primeras descargas disparadas por el Mawicho y Esperanza fueron directo a su cabeza y las recibió de espaldas. Después, en fracción de segundos las balas del Mawicho alcanzaron a Benjamin Sutchi y Esperanza lo remató desde un costado. Actuaron rápidos y certeros. la Güera salió como impulsada de su silla por un resorte y huyó por la cocina donde, según declaraciones de testigos, se encontró con otro hombre con el que huyó. Tumbado sobre su costado izquierdo y con la mano derecha arriba de la pata de una silla, Ben Sutchi yacía en medio de un charco de sangre. Frente a él quedó Alon Azulay en las mismas condiciones.

El ataque que mató a uno de los delincuentes israelíes más famosos en el crimen organizado de Tierra Santa había durado sólo 25 segundos desde que los pistoleros se levantaron de su mesa. Tras la agresión, el Mawicho salió a tropezones del restaurante seguido por Esperanza, en una huida descompuesta y apresurada. Pero en algún momento ambos se separaron. Las cámaras de seguridad de la Ciudad de México, esas a las que tanto temía el Mawicho, captaron a Esperanza caminando sola y nerviosa por la lateral del Periférico. A las 17:26 fue detenida por policías que de inmediato la esposaron y subieron a una camioneta, donde quedó bajo custodia. Su coartada original sobre una infidelidad como motivo del asesinato de Ben Sutchi no duró más 24 horas. El Mawicho logró escapar y regresó a Zapopan. A él la promoción de jefe de sicarios le duró sólo unas semanas. El pago prometido de 100 000 pesos nunca llegó.

Ese mismo día la noticia del asesinato de Ben Sutchi dio la vuelta al mundo y causó una especial sacudida en el crimen organizado y en la policía israelíes. Todos esperaban ataques entre familias de la mafia y reacomodos en sus grupos delictivos. Varias divisiones policiales estuvieron en contacto con las autoridades mexicanas para obtener información precisa del asesinato y evitar así una escalada de violencia entre criminales judíos en Israel.[7] Pero no pasó nada. Las familias delictivas y sus soldados no iniciaron ningún tipo de agresión. Incluso, varios de ellos se deshicieron del exceso de escolta que habían contratado desde que se supo que Ben Sutchi había salido de prisión cinco meses atrás.

La prensa israelí informó sobre la notoriedad del capo asesinado en México y destacó el viejo rencor de la familia Mosli y el intento de Sutchi de asesinar a Meny Aslan, el hijo del líder criminal más importante de Israel en la década de los noventa. Pero de Venezuela y el narcotráfico colombiano ni una sola línea. Nadie tenía idea. La embajada de Israel en México emitió un comunicado en el que confirmaba las identidades de Ben Sutchi y Alon Azulay, así como sus antecedentes criminales en su país.[8]

Por su parte, la jefa de gobierno de la Ciudad de México, Claudia Sheinbaum, decía que las versiones de un supuesto crimen pasional o relacionado con terrorismo estaban completamente des-

[7] Josh Breiner, "Police Fear Reprisals in Israel for Killings of Two Israeli Criminals in Mexico", *Haaretz*, 2019. Consultado en junio de 2020 en https://www.haaretz.com/israel-news/.premium-police-fear-reprisals-in-israel-for-killings-of-two-israeli-criminals-in-mexico-1.7575272.

[8] "Embajada de Israel identifica a los hombres asesinados en la plaza Artz; familiares reclaman cuerpos", *Reporte Índigo*, 2019. Consultado en enero de 2021 en https://www.reporteindigo.com/reporte/embajada-de-israel-identifica-a-los-hombres-asesinados-en-la-plaza-artz-familiares-reclaman-cuerpos/.

cartadas: "Tuvo que ver con una ejecución", confirmó Sheinbaum 24 horas después del ataque.[9]

El periodista Amir Zohar reconoce que Sutchi se confió de su pasado delictivo y regresó al país creyendo que aún podía tener influencia. "Ben Sutchi tenía conexiones. Pero no para ir a México 15 o 20 años después y actuar como si fuera el jefe. No sé qué decirte. Creo que es una locura. Cuando Sutchi me llamó desde México me dijo: 'Conozco a todos'. No sé por qué tuvo el coraje de ir a México, pero éste es Ben Sutchi, no le importaba nada. A él no le importaba una mierda nada. Esto es crimen organizado. Tal vez no entendió que ya habían pasado más de 14 años y las cosas en México han cambiado".

El viernes 26 de julio las autoridades capitalinas localizaron en un paraje en la alcaldía Magdalena Contreras el Kia azul en el que huyeron los gatilleros del primer ataque que dejó a un policía herido en la nuca. Esperanza Gutiérrez Rojano fue llevada ese mismo día al penal de Santa Martha Acatitla, donde no estuvo ni una semana. El avance en las investigaciones de la Procuraduría General de Justicia confirmó que la ejecución de los israelíes no había sido ningún crimen por despecho, sino una operación planeada y perpetrada por el CJNG. Cuatro días después un juez de control autorizó el traslado de Esperanza Gutiérrez Rojano al penal de máxima seguridad, Cefereso 16, en Coatlán, Morelos. Se temía que alguien la matara en cualquier cárcel de la Ciudad de México.

Durante los dos días de peritajes que se llevaron a cabo en plaza Artz, las autoridades encontraron una bolsa de mano en la

[9] Adrián Jiménez, "Asesinato de extranjeros en plaza Artz ni crimen pasional ni terrorismo: Sheinbaum", *MVS Noticias*, 2019. Consultado en marzo de 2021 en https://mvsnoticias.com/noticias/capital/asesinato-de-extranjeros-en-plaza-artz-ni-crimen-pasional-ni-terrorismo-sheinbaum/.

que había dos pistolas Glock, tres cargadores, 15 cartuchos y un celular marca Lenovo de color negro, y al ser intervenido se dio con el grupo de WhatsApp "Chamba", desde donde el Barbas coordinó en tiempo real al grupo de siete personas que participó en la ejecución de los israelíes. Un ataque que terminó de reventar la narrativa de las anteriores administraciones perredistas locales, sobre que en la Ciudad de México no operaban organizaciones criminales con la letalidad del CJNG.

Un mes y medio después del asesinato en plaza Artz, la madrugada del viernes 6 de septiembre de 2019 policías de investigación de la Ciudad de México, con apoyo de la Secretaría de la Defensa Nacional y la Fiscalía de Jalisco, capturaron al Mawicho en la colonia Real Vallarta, en el municipio de Zapopan. Los policías de investigación capitalinos llegaron a la zona metropolitana de Guadalajara dos semanas atrás con toda la información recabada a lo largo de seis semanas de investigaciones, que incluyeron los datos obtenidos del celular Lenovo negro y de las declaraciones de Esperanza Gutiérrez Rojano.

Al momento de su captura, el Mawicho estaba con otras tres personas, quienes quedaron bajo la custodia de las autoridades estatales, mientras que el Mawicho fue llevado a la Ciudad de México, a la Fiscalía Central para el Delito de Homicidio y luego al Reclusorio Oriente, la cárcel que fue su hogar por ocho meses cuando sólo era un ladrón con amplias aspiraciones delictivas cinco años atrás. En el Oriente estuvo aislado y vigilado las 24 horas del día.

El 9 de septiembre, tres días después de la detención, de interrogatorios e investigaciones y ante la certeza de que pertenecía al CJNG, el Mawicho fue trasladado al penal de máxima seguridad Cefereso 12, en Ocampo, Guanajuato. Esta vez ni el diablo ni la Santa Muerte le cobijaron la espalda, como cuando estaba encerrado en una galera y pudo evitar la cárcel tras pagar 20 000 pesos a un corrupto servidor público. Esta vez sus víctimas no fueron jóvenes cuyas muertes quedaron impunes y sólo engrosan las dudosas cifras de desaparecidos y de homicidios dolosos en el país. Esta vez el Mawicho no dejó a familiares de sus víctimas buscando en fosas clandestinas los restos de alguna persona que haya pasado bajo su tortura y bajo su cuchillo. Esta vez el Mawicho desafió al Estado que lo contuvo, que lo castigó en su adolescencia sin ofrecerle opciones y que le permitió seguir delinquiendo gracias a la corrupción judicial y ministerial que impera en el sistema de justicia mexicano.

Con la caída de Mawicho en Jalisco las pesquisas se ampliaron y cinco meses más tarde fue capturado en la colonia Santa Fe, de la alcaldía Álvaro Obregón, Carlos Fernando Huerta Núñez, el Viejón, jefe del CJNG en la Ciudad de México y expolicía judicial que reclutó al Mawicho a finales de 2018. El Viejón y el Barbas se encargaron de toda la logística y operación para asesinar a los israelíes[10] por órdenes de Julio César Moreno Pinzón, el Tarjetas, líder criminal de la zona metropolitana de Guadalajara y quien supuestamente ordenó el asesinato de Ben Sutchi. La fiscalía capitalina confirmó también que Huerta Núñez reclutó a jóvenes en la capital del país para así reforzar las células armadas donde el CJNG tiene presencia. El Viejón fue vinculado a proceso por delitos contra la salud en la modalidad de posesión de estupefacientes y posesión de armas de fuego y cartuchos de uso exclusivo del Ejército. Actualmente duerme en el penal del Altiplano.[11]

[10] Elba Mónica Bravo, "Detienen a El Viejón; habría coordinado la ejecución de dos israelíes", *La Jornada*, 2020. Consultado en junio de 2020 en https://www.jornada.com.mx/2020/02/13/capital/030n2cap.

[11] Wendy Roa, "Vinculan a proceso a 'El Viejón', coordinador de homicidios en plaza Artz", *Excélsior*, 2020. Consultado en junio de 2020 https://www.excelsior.com.mx/comunidad/vinculan-a-proceso-a-el-viejon-coordinador-de-homicidios-en-plaza-artz/1365378.

La última en caer fue Vanessa Ballar Fallas, la Güera. La mujer que fue el anzuelo el día de la ejecución. Vanessa Ballar estuvo escondida por más de año y medio hasta que agentes de la fiscalía capitalina la localizaron el 18 de marzo de 2021 en la calle Crepúsculo 11, en la colonia Insurgentes Cuicuilco, alcaldía Coyoacán, luego de recibir una supuesta denuncia anónima. Durante el cateo en el domicilio, autoridades dijeron haber encontrado marihuana, metanfetamina y cocaína, por lo que la Güera y una de sus hijas fueron imputadas por delitos contra la salud en su modalidad de posesión con fines de comercio.[12] Un juez con sede en el Reclusorio Norte vinculó a proceso a madre e hija y les dictó prisión preventiva oficiosa, por lo que ambas mujeres fueron trasladadas al penal de Santa Martha Acatitla.[13]

La ejecución de Benjamin Sutchi y Alon Azulay en la Ciudad de México no sólo significó la muerte de un israelí desafiante que ignoró la magnitud criminal que actualmente vive México. También fue el preludio de una serie de ataques que el CJNG lanzaría un año después y que incluyeron el asesinato del juez federal Uriel Villegas Ortiz y su esposa, en Colima, el 17 de junio de 2020. Nueve días después, el atentado contra el secretario de Seguridad Pública de la Ciudad de México, Omar García Harfuch, el 26 de junio, y el asesinato del exgobernador de Jalisco Aristóteles Sandoval, el 18 de diciembre. En los últimos dos ataques las autoridades de Jalisco y de la Ciudad de México señalaron nuevamente como responsables a Julio César Moreno Pinzón, el Tarjetas,

---

[12] Abel Barajas, "Vinculan a proceso a implicada en homicidios en plaza Artz", *Reforma*, 2021. Consultado en marzo de 2021 en https://bit.ly/3s3LUCa.

[13] Guillermo Espinosa, "Trasladan a 'La Güera' al penal de Santa Martha Acatitla, por el homicidio de 2 israelíes", *Capital México*, 2021. Consultado en marzo de 2021 en https://www.capitalmexico.com.mx/cdmx/trasladan-a-la-guera-al-penal-de-santa-martha-acatitla-por-el-homicidio-de-2-israelies.

y a la célula de jefes colombianos y mexicanos con mayor jerarquía en el CJNG en el municipio de Puerto Vallarta y la zona metropolitana de Guadalajara. El 6 de abril de 2021 la Oficina de Control de Activos Extranjeros del Departamento del Tesoro de Estados Unidos (OFAC, por sus siglas en inglés) reconoció al colombiano Carlos Andrés Rivera Varela, la Firma; Francisco Javier Gudiño Haro, la Gallina; y Gonzalo Mendoza Gaytán, el Sapo, como parte de la célula del CJNG que atentó contra García Harfuch y asesinó al exgobernador de Jalisco Aristóteles Sandoval. Hasta el día de hoy todos están libres.

Dentro del penal de máxima seguridad en Ocampo, Guanajuato, el Mawicho continúa viviendo las consecuencias de alcanzar plenamente su sueño de convertirse en un sicario famoso de una organización criminal de renombre. Las intenciones de "irse por la derecha", poner un puesto de comida y dejar de delinquir no pasaron de ser sólo eso. El corrido épico que le hacía latir el pecho con emoción sobre las aventuras de jefes pistoleros invencibles de los Deltas de Zapopan, que escuchó conmigo dentro del Mazda, quedó sólo como un recuerdo más de la realidad brutal en la que decidió participar y que terminó por incrustarse en su subconsciente junto con las miradas, las súplicas y los rostros de los seres humanos que mató y descuartizó durante su paso atroz por el Cártel Jalisco Nueva Generación.

Las juventudes involucradas en el mundo paralelo de los grupos armados mexicanos son quizá una de las consecuencias más crueles del proceso de descomposición social provocado por la corrupción, la inefectividad judicial y el olvido del Estado mexicano.

CONCLUSIÓN

Sobre violencias juveniles
y los grupos armados en México

Entrevista a Alfredo Nateras Domínguez, doctor y maestro en Ciencias Antropológicas. Profesor-investigador de tiempo completo en la UAM-I. Coordinador del Diplomado "Culturas Juveniles. Teoría e Investigación" (UAM-I).

SOBRE VIOLENCIAS JUVENILES

Para mí hay dos marcajes que definen el tono y el matiz de las juventudes, no sólo en México, sino en América Latina. Uno: gran parte de nuestras juventudes está en una situación de precariedad laboral, económica, familiar y demás. Dos: las violencias. Una, la más extendida y por la cual muere gran parte de nuestra juventud, es la que genera el crimen organizado. La otra es la violencia que generan los cuerpos de seguridad del Estado. En ese sentido, si se combina una situación de precariedad, de vulnerabilidad y de adquirir reconocimiento social y ciertas condiciones de vida mejores, entonces fácilmente se propicia aliarse con el crimen organizado. Los grandes cárteles, como el CJNG, reclutan a los jóvenes a veces en contra de su voluntad ante amenazas. Es una situación muy complicada. La otra vertiente que está ahí, más allá de los juicios de valor, es que para una parte de estas juventudes en situación de precariedad en climas y en contextos de violencia, el asunto de ligarse a las organizaciones delincuenciales tiene una lógica de trabajo. Es un trabajo para ellos.

¿Qué papel juega la corrupción en estas violencias juveniles?

No se puede entender, por ejemplo, toda la cuestión tanto de la violencia del crimen organizado, e incluso agregaría la impunidad que va relacionada, sin el contubernio de las autoridades, sin el contubernio incluso de jueces y ministros. Sin el contubernio, también lo diría, de una parte del empresariado; es decir, la capacidad de corrupción que tienen estas organizaciones criminales en varios de sus giros, porque recuérdese que el narcotráfico es sólo uno de sus giros, porque está también el robo de identidad, el robo de autos de lujo, la trata de blancas, la extorsión a migrantes; incluso el manejo de desechos industriales. En ese sentido, no se puede explicar el gran negocio sin su capacidad de corrupción. Las autoridades implicadas es algo que se sabe, se conoce y se está documentando. Incluso también el Ejército está implicado en una parte de la corrupción.

¿Cómo explicar este proceso histórico de corrupción, el cual ha permitido que los jóvenes mexicanos caigan en organizaciones criminales?

Yo creo que la corrupción es un problema estructural que tiene que ver con todas las sociedades en su mayoría. En ese sentido, no hay Estado que no esté marcado por el asunto de la corrupción. En el caso mexicano, quizá la especificidad, yo creo que esa corrupción tiene que ver también con, en su momento, el partido cuasi invencible que era el Partido Revolucionario Institucional, no de balde se le decía Partido "Robolucionario" Institucional. Esta lógica está incluso muy marcada en la cinematografía mexicana y el casi eslogan de "el que no hace transa no avanza". Entonces se institucionalizó la corrupción como un mecanismo para mejorar las condiciones sociales y económicas de vida. Penetró en un imaginario casi como cultural, por una parte de funcionarios, políticos y demás. Entonces, eso desde algún lugar se aprende, yo diría desde la socialización y la familia. A partir de ahí, mecanismos, por ejemplo, en los ámbitos escolares. Ahí existe también mucha corrupción en cuestión de calificaciones o al revés: profesores que justamente consideran que se corrompen a partir de otorgar calificaciones, o incluso muy abierto, ¿no? Entonces, digamos que es algo que está en los tuétanos de las instituciones en el caso mexicano y que tiene que ver mucho con esta historia del priismo que marcó el mecanismo de ascenso social y político. Entonces, como imagen, unas partes de las juventudes aprendieron en términos de que hay caminos fáciles y muy sencillos y que contravenían con la cultura del esfuerzo, de la que hablaba Colosio. Esa cultura del esfuerzo, del reconocimiento, y eso se fue dando y fue penetrando en los espacios laborales de la burocracia mexicana y a partir de ahí se fue difuminando en una cuestión, digamos, muy política. Yo creo que viene de ahí y a partir de ahí se extiende a los distintos ámbitos, de tal suerte que una parte de las juventudes incluso lo tiene culturalmente aprendido, socializado. Entonces la corrupción está en la vida cotidiana en una gran parte de las juventudes y de los mundos adultos.

En cuanto a la violencia cada vez más brutal que se vive en México y que es perpetrada por jóvenes. Jóvenes a los que se les desprende el alma sistemáticamente y que son utilizados como carne de cañón. ¿Qué le espera

*al país con estos índices de violencia donde las juventudes en los grupos
armados están deshumanizadas por completo?*

Creo que lo que le espera al país es algo que ya estamos viviendo. Veremos más procesos como usted lo dice, ciertamente, de
deshumanización cada vez más crueles. Hay una narrativa, una ico-
nografía incluso, en el sentido de la creación de una violencia que
no sólo está en redes sociodigitales, está en toda la industria cultural
y la recreación de la violencia, que ya es una violencia burda, ab-
surda. Una violencia que tiene tonos de crueldad. Que tiene tonos
realmente de horror, de lo siniestro. Julio Scherer, el gran periodista mexicano, lo muestra en su libro *Niños en el crimen*. Scherer tuvo
acceso a los archivos de jóvenes como el Ponchis, el niño sicario
que descuartizaba, así como expedientes de otros chicos con similar
historia. ¿Qué encontró Scherer? Él decía que este tipo de niños y
de jóvenes realmente son jóvenes abandonados a su suerte desde
chavalillos. La familia nunca aparecía, la escuela nunca estuvo ahí,
el Estado y sus instituciones tampoco los procuraron. Entonces, en
ese sentido, son sujetos, niños, decía Julio Scherer, abandonados a
su suerte que aprendieron a sobrevivir, mientras que las instituciones de salud, educación y demás no estaban para procurarlos. Julio
Scherer terminaba su libro justo en relación con la pregunta de qué
le esperaba al país. Entonces, parafraseando a Scherer García, lo
que le espera al país es un sin futuro. O sea, no hay futuro para estas
juventudes. Lo que ya estamos viviendo es una violencia totalmente desbordada y una violencia sin contenido. Es un vacío lo que le
espera al país. Un vacío como un agujero negro que todo lo absorbe. A las juventudes, la violencia las absorbe, y en ese sentido se
supondría que son las juventudes las que tendrían que construir o
reconstruir este país en el presente. Las juventudes no son el futuro
del país. El futuro no existe para ellos. El presente se les está dilu-
yendo. Lo que se espera, para mí, es un vacío.

¿Cómo poder revertir ese vacío y ese abismo?

Yo creo que hay varias cuestiones que se tienen que hacer al mismo tiempo. Por ejemplo, una de las cuestiones que me parece muy importante tiene que ver con las organizaciones de la sociedad civil. Yo le apuesto a construir en las colonias, en los barrios. Le apuesto a esta lógica de la cultura de la paz que tiene que ver con un asunto de volver a trabajar con los niños, las escuelas, las asociaciones. Toda esta cuestión de valores universales. No valores generacionales, valores universales, y es a largo plazo.

¿Qué hacen las administraciones actuales?

Yo creo que le están apuntando a eso. Por ejemplo, en la Ciudad de México, con los programas que tiene la doctora Claudia Sheinbaum, a través de instancias como todo su proyecto cultural de Pilares, justamente hay un proyecto muy interesante llamado Barrio Adentro, que nació a partir del asesinato de los niños mazahuas en el Centro Histórico. A partir de ahí se construyó este proyecto cultural que va en esa línea de cultura por la paz. Ésa es la otra vía. Recuperar los espacios, disputar los espacios al crimen organizado. ¿A qué me refiero? Los espacios deportivos, ejemplo. Todos estos gimnasios al aire libre, disputárselos al crimen organizado. Espacios tan elementales como las canchas de basquetbol o de futbol que están en algunos barrios y que están inundadas de *dealers*. Entonces, disputar y recuperar los espacios. Por otra parte está la cuestión económica. No alcanzan las becas. Ni van a alcanzar. Hay varios proyectos en relación con becas y todo eso, ¿no? Bueno, en esta lógica de la Presidencia, que me parece de muy buena voluntad solamente, pero de poca eficiencia, todo este discurso de *abrazos y no balazos*.

Ya vimos que a más de medio sexenio ese discurso no está funcionando, doctor.

No alcanza. No alcanza porque no están tocando justamente la parte del contubernio de las autoridades con el crimen organizado y otras cosas más que están ahí. No alcanza. Es como una aspirina para matar un cáncer. Por ahí tendría que ir, pero se necesita más inversión, se necesita trabajar más con la familia. Volver a trabajar con la familia. Sabemos que, por la situación económica, hay núcleos familiares que se dedican justamente al crimen organizado. Entonces, en ese sentido, necesitamos economías más sociales, economías más solidarias, porque la situación económica, aunque no es determinante, influye. Hay un fracaso en el Estado y sus instituciones en ofrecer a los jóvenes modelos identificatorios.

Vacíos, huecos que llena el crimen organizado.

Así es. Cuando el Estado ya no aparece. Por ejemplo, en el caso mexicano: el Estado benefactor ya fue, ¿no? De la década de los cuarenta a los ochenta cuando llegaron los tecnócratas a través del presidente más gris que hemos tenido, Miguel de la Madrid Hurtado. El Estado benefactor ahí acabó, en los ochenta. Un Estado que no aparece, que ya no está. Entonces, en ese vacío que ya no aparece para garantizar una educación que pueda brindar las condiciones sociales de vida de la gente, o que sea la educación un garante, como antes, en términos del escalamiento social. Un sistema de salud hecho un desastre en términos de su privatización. Una propuesta laboral realmente sin conocimiento en términos de los derechos laborales y los que más son explotados son justamente las juventudes. De tal suerte que cuando el Estado no aparece ya en el ámbito laboral, recreativo, de salud, y demás, entonces aparece el crimen organizado. El crimen organizado aparece donde el Estado no está. Y es impresionante la base social a favor del crimen organizado. Cuando arrestaron al Chapo Guzmán hubo manifestaciones en Sinaloa. Ése es un ejemplo concreto de que el Estado tiene que aparecer más. Las instituciones del Estado tienen que volver a ofrecer a las juventudes una posibilidad de construir un proyecto de vida digno en el aquí y en el ahora. Eso implica mejores salarios, mejor educación. Hacia allá va. Son procesos largos. La apuesta que están haciendo es una apuesta muy inmediata que tiene que ver con toda esta lógica desarrollista benefactora a través de las becas. Pero no hay nada que tenga que ver con algo estructural que cambie. Yo creo que hay que seguir con las becas siempre y cuando se apueste a un proyecto de cambios estructurales importantes a mediano y largo plazos.

¿Considera imperativo que en las zonas de conflicto en México, donde el tejido social está desgarrado, deben existir acciones multidisciplinarias que ayuden a reestablecer el tejido social?

Sí. Así tal cual. No va a alcanzar un solo proyecto en sí mismo. No va alcanzar una sola aproximación. Tiene que ser algo multi, y al mismo tiempo. Y en eso tenemos experiencias favorables, por ejemplo, en Colombia y en Brasil. Cuando el presidente Lula Da Silva con su estrategia de cuadrillas de trabajadores que llegaban a las favelas donde están el crimen organizado y las juventudes de sicarios, ahí implementaron varios proyectos sociales para trabajar con jóvenes que, traduciéndose acá, por ejemplo: en la alcaldía Iztapalapa. Vamos a trabajar desde cinco, ocho, diez proyectos al mismo tiempo. Proyectos económicos. Habilitar a los chavos, que sean aprendices de algo y que en algún momento puedan vivir de eso. Proyectos de cultura de la paz, al mismo tiempo, para recuperar valores como la solidaridad, la democracia, el respeto, y al mismo tiempo la recuperación de espacios públicos de recreación. El derecho a la cultura, y no me refiero a la cultura culta, sino el derecho a la cultura. Recuperar los conocimientos y saberes de los barrios de las alcaldías y al mismo tiempo, esto es importante, proyectos intergeneracionales. Trabajar con jóvenes, adultos y niños al mismo tiempo. Proyectos de microempresas, proyectos de economías solidarias. Todo esto al unísono. Los colombianos, con toda la violencia que vivieron y que aún viven, así como los brasileños, tuvieron resultados favorables en un año, año y medio. Empezaron a bajar los índices. Pusieron bibliotecas y ludotecas. Creo que por ahí va y creo que usted también lo tiene claro. Va por ahí. Inundar de proyectos donde incluso esté la iniciativa privada invirtiendo. La iniciativa privada es importantísima. Las organizaciones de la sociedad civil, los propios jóvenes y la propia comunidad. Creo que por ahí sería un camino.

Si tuviera la oportunidad de decirles a esos muchachos que están a punto de tomar una decisión, porque en este momento hay varios que están tentados, reciben invitaciones. Es abrumadora la cantidad de muchachos en todo México que terminan uniéndose a las organizaciones criminales por un sinfín de razones, ¿qué les podría decir?

Muy complicado. Yo creo que lo que se podría decir es que si toman la decisión en términos de involucrarse, hay algo poco romántico en eso y está en juego la vida. Puede ser una ilusión en ese sentido. Decirles que es una fugacidad y que en todo caso valoren la situación para tener otro tipo de quehacer o actividad sin arriesgar la vida, incluso la de los suyos. La otra parte es ¿qué les ofrecemos a esos muchachos a cambio? Ésa es la paradoja. Quizá si un bato, un morrito que si me escucha esto que me pregunta diga: "Ah, sí. Sí, de acuerdo, de acuerdo. Pero, entonces, ¿quién nos ofrece un trabajo?" Sólo por dar un ejemplo.

DESIERTO DE ARIZONA, NOVIEMBRE DE 2021. MENSAJE DE WHATSAPP

"Ahora sí que estoy pasando la peor parte de mi vida. Desde el sábado empezamos a caminar y hasta ahorita sigo. Nos separamos todos y yo quedé solo. Ya llevo dos días caminando solo. Ya ahorita no tengo agua, tengo un chingo de sed, entonces, estoy buscando como una casita o algo así. Desde aquí veo una casita, pero es de la migra y no sé si ya entregarme o esperarme un rato a ver si me recupero. Estoy abajo de un árbol. Sí puedo seguir caminando, pero el agua es el pedo. Traía dos limones en la mochila y los anduve chupando, pero luego me dieron muchas náuseas y quise vomitar, pero no tengo nada en el estómago desde hace dos días. Te quiero mucho, Eli, y al bebito."

Ése fue el último mensaje que el Gato envió a su novia. El duro extraficante del Estado de México que me llevó a conocer lo más sórdido del crimen organizado chilango y por quien conocí a Mawicho se estaba muriendo de sed en medio del ardiente desierto de Arizona. La pandemia provocada por el covid-19 extinguió su negocio de jugos y de tacos y fue el último impulso que lo llevó a regresar a Estados Unidos para trabajar en la construcción y en el negocio de comida de su madre y poder volver a ver a sus hijos, de quien se separó hace 15 años. Pero el desierto lo consumía. Su grupo había sido robado por hombres armados poco después de cruzar la frontera en Sonora. Al Gato se le acababan las vidas. Pudo ser localizado a pie de carretera por un contacto suyo gracias a la señal de celular cuya batería administró hasta el último momento, pero un retén de la policía migratoria unos pocos kilómetros adelante puso fin al sueño de volver a ver a sus hijos. En mayo de 2022 el Gato enfrentará un juicio por su ingreso ilegal a Estados Unidos, el cual se complica por sus antecedentes de narcotráfico en Las Vegas, Nevada, lo que podría ponerlo hasta 10 años en una prisión federal estadounidense.

Así nació el diablo de Emmanuel Gallardo
se terminó de imprimir en el mes de julio de 2022
en los talleres de Diversidad Gráfica S.A. de C.V.
Privada de Av. 11 #1 Col. El Vergel, Iztapalapa,
C.P. 09880, Ciudad de México.